탐욕의 경제학

경제학을 통해 살펴본 투기와 거품의 역사

FOOL'S GOLD
Cautionary Tale of Greed, Speculation and Delusion
Copyrights ⓒ2005 by Ciaran Parker & Gerry Griffin

Korean translation copyright ⓒ2007 by Book Planner
Korean translation rights arranged with Spiro Press
through Cathy Miller Foreign Rights Agency

이 책의 한국어판 저작권은 Spiro Press사와의 독점계약으로 '북플래너'가 소유합니다.
저작권법에 의하여 한국 내에서 보호를 받는 저작물이므로 무단전재와 무단복제를 금합니다.

경제학을 통해 살펴본 투기와 거품의 역사

탐욕의 경제학

FOOL'S GOLD

키애런 파커 · 게리 그리핀 지음 | 정경호 옮김

 탐욕의 경제학

초판 1쇄 인쇄 2007년 1월 8일
초판 1쇄 발행 2007년 1월 15일

지은이 키애런 파커 · 게리 그리핀 | **옮긴이** 정경호 | **펴낸이** 백운철 | **펴낸곳** 북플래너
편집 심지연 | **디자인** 안정미 | **영업 마케팅** 이병우 · 이용호 | **관리** 황현주

등록번호 제22-2444호 | **등록일자** 2003년 12월 12일
주소 서울시 서초구 서초3동 1550-6번지 태림빌딩 6층(137-873)
전화 (02)3472-2040 | **팩스** (02)3472-2041 | **이메일** bookplaner@paran.com
ISBN 89-9102-814-4 (03320)
ⓒ 북플래너 2007, Printed in Korea

• 잘못 만들어진 책은 바꾸어 드립니다.

C·O·N·T·E·N·T

프롤로그		6
1장	욕망의 희생자들	9
2장	좋은 탐욕과 나쁜 탐욕	31
3장	음식에 대한 끝없는 탐욕	63
4장	절대 권력은 절대적으로 부패한다	71
5장	탐욕과 투기로 얼룩진 월스트리트	83
6장	투기, 인간의 본성	95
7장	새로운 골드러쉬, 닷컴 열풍	117
8장	투기로 흥한 자 투기로 망하다	131
9장	투기업계의 새로운 신화	143
10장	몰락으로 이끄는 달콤한 유혹, 망상	153
11장	망상의 늪에 빠진 연금술사	173
12장	국민들의 망상을 이용한 독재자	187
13장	대중의 눈을 가린 마녀 사냥	199
결론		211
에필로그		221

프롤로그

　중세의 연금술에서 현대의 인터넷에 이르기까지 인간의 경제 활동에 탐욕과 투기, 그리고 망상은 중요한 원동력이 되어 왔다. 우리는 이 책에서 사기꾼과 바보, 그리고 노련한 사업가의 실례를 통해 탐욕과 투기, 망상의 '삼 형제'가 인간을 이성의 한계 밖으로까지 몰고 갔던 역사의 사건과 오늘날의 상황을 설명해 보고자 한다.

　이 책의 한 가지 목적은 독자에게 탐욕과 투기, 그리고 망상에 대해 경고하기 위함이다. 탐욕과 투기, 그리고 망상은 오랜 시간 동안 인류와 함께해 온 해묵은 현상이며, 일상의 한 부분이라고 해도 과언이 아닐 만큼 늘 우리 곁을 맴돌고 있다.

　이 글의 주인공인 탐욕, 투기, 그리고 망상은 모두 같은 유전자를 가지고 있지만 각자의 개성을 분명하게 드러내고 있다. 그들은 인종과 나이를 불문하고 모든 사람들에게 접근해 수작을 걸어온다. 시기와 조건에 따라 적절하게 변장하곤 하지만 그들의 본질은 한결같다. 물론 탐욕이 인간의 발전에 어느 부분 기여한 것은 사실이지만 탐욕 때문에 몰락한 수많은 사람들의 존재는 탐욕이 반드시 경계해야 함을 상징적으로 보여 주고 있다. 탐욕과 투기, 그리고 망상은 각각 작용할 때도 엄청난 위력을 발휘하지만 그 셋이 힘을 합치게 되면 그 영향력은 어마어마해진다.

우리가 하고 싶은 이야기는 하나다. 탐욕과 투기, 그리고 망상의 영향에서 벗어나 건전한 경제 풍토를 만들어 가자는 것이다. 그런 환경은 우리의 노력으로 얼마든지 조성될 수 있다.

아무쪼록 이 책이 그 밑거름이 될 수 있기를 간절히 바란다.

1장
욕망의 희생자들

탐욕의 희생자 – 아이작 뉴턴

인간은 단순히 충분한 상태만으로는 만족하지 못한다. 더 많은 음식, 더 많은 옷, 더 많은 재산, 더 많은 명예 등 우리는 언제나 충분함을 넘어서는 여분을 추구한다.

이는 인간을 다른 동물과 구분 짓는 큰 특징이다. 여분을 더 얻고자 하는 탐욕은 인간의 사고 작용에 따른 산물이라고 볼 수 있다. 배가 부르고 지갑이 두둑하다고 해서 인간의 두뇌가 편안한 휴식 상태에 들어가는 것은 아니다. 오히려 그 시점부터 왕성한 활동을 시작한다고 할 수 있다. 따라서 '현대 과학의 아버지'라고 불리는 아이작 뉴턴Isaac Newton이 탐욕에 희생될 수밖에 없었던 것은 어떻게 보면 당연한 결과라고 할 수 있다.

1642년에 영국에서 태어난 뉴턴은 그 시대의 가장 위대한 과학자였다. 위로 올라간 것은 반드시 아래로 떨어진다는 '중력의 법칙'을 발견한 뉴턴은 여러 해 동안 케임브리지의 트리니티 대학에 몸담고 있었다. 하지만 뉴턴은 케임브리지라는 지역과 동료 교수들이 썩 마땅치 않았다. 그는 상류 사회의 삶을 원했고 그것은 곧 런던에서의 생활을 의미했다.

　1670년대 결국 뉴턴은 런던의 고급 주택가에 집을 한 채 마련했다. 그 집에는 뉴턴만이 들어갈 수 있는 방이 하나 있었다. 지하에 자리 잡은 그 방은 아치형의 출입구가 육중한 나무 문으로 가로막혀 있었다. 그 문의 열쇠는 특별히 제작된 검은 상자에 보관되어 있었고 그 상자를 여는 열쇠는 녹색 가죽으로 싸인 또 다른 상자 안에 보관되어 있었다. 그 상자들의 정확한 위치는 오직 뉴턴만이 알고 있었다. 그 문 안쪽에는 무엇이 있었기에 뉴턴이 그렇듯 보안에 만전을 기했던 것일까?

　녹색과 검은색 상자를 차례로 열어 열쇠를 찾아 나무 문을 열면 유황 냄새가 코를 찌른다. 방안에는 연기가 자욱하고, 아무 장식 없는 긴 의자 위에는 종이 뭉치가 수북이 쌓여 있다. 방 한가운데 놓인 탁자 위에는 증류기, 플라스크, 반죽 그릇, 막자 사발 등이 어지러져 있고 줄지어 놓여 있는 녹색 유리병 속에는 이상한 액체가 담겨 있다.

　사실 그 작은 방은 뉴턴이 연금술을 연구했던 장소였다. 과학의 아버지라고 불리는 뉴턴이 자신의 집 지하에서 값싼 금속이나 돌멩이를 금으로 바꾸는 방법을 찾고 있었던 것이다. 물론 뉴턴은 연금술사가 아니었다. 뉴턴은 대부분의 연금술사가 망상에 사로잡힌 돌팔이 과학자에 불과하며 그릇된 목표로 인해 귀중한 시간을 낭비하고 있다고 생각했다.

　당시의 연금술사들은 자신의 망상이 만들어 낸 암흑 속에서 방황하며 값싼 금속을 금으로 바꿀 수 있다고 주장해 스스로는 물론 세상까지 속이는 사이비 과학자였다. 그들은 '현자의 돌'을 찾아 헤맸는데 그 돌가루가 연금술 과정에서 결정적인 역할을 한다는 믿음에서였다. 아무도 그 돌을 찾아내지 못했지만 현자의 돌을 발견하게 되면 가히 상상할 수조차 없는 부를 거머쥐게 될 것이라는 연금술사의 주장에 홀려 재산을 탕진한 왕족들도 많았다.

뉴턴은 그들과는 전혀 다른 세계의 인물이었다. 그는 숫자와 천문학을 발견했다고 전해지는 고대 이집트의 신, 헤르메스 트리스메지스투스를 신봉하고 있었다. 사실 헤르메스 신앙을 믿는 것은 그 시대 지성인 사회의 대표적인 흐름이었다. 게다가 헤르메스가 그 오랜 옛날 예수의 강림을 예언했다는 점에서 독실한 기독교 신도였던 뉴턴이 추종하기에 적합한 대상이었을 것이다. 헤르메스의 기록은 대부분의 사람들이 해독할 수 없는 숫자와 암호로 남겨져 있었다. 그 시대 어느 누구보다도 수학적 능력이 뛰어났던 뉴턴이었기에 그는 숫자와 암호의 조합에 얽힌 비밀을 풀어내 위대한 선인이 숨겨둔 비밀의 보고를 찾아낼 자신이 있었다. 그렇게 되면 인간과 우주에 얽힌 모든 비밀을 단번에 풀어낼 수 있을 거라고 믿었다.

모든 연금술사들처럼 뉴턴 역시 값싼 금속이나 돌멩이를 금으로 바꾸는 것이 가능하다고 믿었다. 그러나 현자의 돌은 망상의 산물에 불과하다고 여겼다. 뉴턴이 확신했던 비밀의 열쇠는 숫자였다. 당시 뉴턴은 이미 미분을 발견했다. 이로써 행성의 움직임을 설명할 수 있다고 믿었던 뉴턴은 물질의 변화 또한 미분을 활용함으로써 충분히 설명하고 유도할 수 있다고 확신했다.

뉴턴은 사람들과의 관계가 원만하지 못했다. 사생아라는 이유로 따돌림 받았던 어린 시절 경험 때문에 그는 다른 사람들의 시선에 무척 예민한 반응을 보였다. 악의 없는 비평까지도 중상모략으로 받아들일 만큼 뉴턴은 특히 비난에 민감했다. 따라서 뉴턴은 자신이 금속의 성질을 바꾸는 연구를 하고 있다는 사실을 외부에 알릴 수 없었다. 당대 최고의 수학자인 뉴턴 경이 현자의 돌을 찾아 헤매고 있다는 세간의 비아냥거림을 참아낼 수 없었기 때문이다.

뉴턴은 다분히 모순적인 인물이었다. 그는 천재였고 자신도 그 사실을 알고 있었다. 그러나 뉴턴은 자신이 이룬 성과에 만족하는 법이 없었기에 자주 열등감에 사로잡히곤 했다. 그는 또한 독실한 기독교 신도였기 때문에 해답을 얻기 위해서는 악마의 힘이라도 빌리려했던 다른 연금술사들과는 달리 언제나 하느님으로부터 해답을 전해 들어야 했다. 자신이 충직한 하인임을 입증하면 하느님, 그리고 경우에 따라서는 헤르메스가 모든 비밀을 풀 수 있는 지혜와 능력을 내려줄 것이라고 뉴턴은 믿고 있었다. 사실 뉴턴은 이미 자신에게 은총이 내리기 시작했다고 믿었다. 미분과 중력의 법칙을 발견할 수 있게 된 것도 신의 은총이며 남부럽지 않은 삶을 누릴 수 있는 것도 모두 신의 은총이라고 생각했던 것이다.

뉴턴은 일단 물질의 변화 원리를 알아내 납이나 다른 값싼 금속을 금으로 바꿀 수 있게 되면 비로소 자신의 연구 결과를 세상에 알릴 생각이었다. 물론 끝없는 연구가 이루어져야 했다. 요행은 절대 금물이었다. 실제로 연금술사들은 요행으로 어떤 성과를 거두는 일이 적지 않았다. 하지만 뉴턴은 자신의 발견을 스스로 완벽하게 검증한 뒤에야 외부에 알릴 생각이었다. 그때가 되면 세상에서 가장 엄청난 부를 거머쥐게 될 것이었다. 사실 이미 뉴턴은 상당한 부와 명예를 이룩해 놓은 상태였다. 케임브리지 대학의 루카시안 교수(케임브리지 대학에서 가장 뛰어난 수학자에게 주는 명예직), 왕립 조폐청의 총감독, 게다가 '경'이라는 기사 작위를 받았으니 링컨셔 출신의 막노동꾼의 사생아로서는 엄청나게 성공한 인생이었다. 그러나 뉴턴은 늘 부족함을 느끼고 있었다.

뉴턴에게 있어서 세상 사람들의 존경을 한 몸에 받을 수 있는 가장 확실한 수단은 부였다. 그는 맛있는 음식과 좋은 포도주를 즐겼다. 그러나 탐욕에 물들지는 않았다. 뉴턴은 여러 해 동안 왕립 조폐청을 총괄하는 업무를 아주 성실히 수행했다. 만일 나쁜 마음만 먹었다면 많은 돈을 쉽게 벌 수도 있는 자리였다. 실제로 뉴턴의 선임자 가운데 그 기회를 활용해서 엄청난 부정을 저지른 사람도 있었다. 적발된다고 해도 사람들의 기억에서 잊혀질 때까지 근신하면 그만이었다. 그러나 뉴턴이 왕립 조폐청에 근무할 당시 부정을 저질렀다는 기록은 어디에서도 찾아볼 수가 없다. 조폐청 시절 뉴턴의 활약 가운데 가장 두드러졌던 것은 동전 주조 개혁이었다.

그 이전까지 영국 정부는 여러 세기에 걸쳐 엄청난 피해를 당해왔다. 비록 같은 금액이 표기된 동전일지라도 종종 모양이 균일하게 주조되지 않는다는 허점을 노려 사기꾼들은 동전의 가장자리를 긁어내거나 떼어 내 그 부스러기를 모아 녹이는 방식으로 암거래를 해왔다. 동전을 깎아 내는 행위는 중대한 범죄였지만 그때까지 영국 정부는 속수무책이었다. 뉴턴은 그런 범죄를 막기 위해 동전의 테두리를 특별한 문양으로 주조하는 한편 규격도 통일시켰다.

뉴턴은 언제나 부자가 되고 싶어 했지만 부정직한 방법으로 부를 이루려 하지는 않았다. 당시 뉴턴이 누렸던 상당한 부는 오로지 자신의 노력을 통해 이룩한 것이었다. 그러나 뉴턴은 자신이 더 많은 부를 누릴 자격이 있다고 느꼈다. 당시 뉴턴이 정직한 방법으로 많은 돈을 벌 수 있는 길은 무역에 투자하는 것이었다. 투자한 돈에 비해 엄청난 배당을 약속하는 무역 회사의 주식은 많은 사람들의 관심을 모았다. 하지만 그것은 불안한 모험이었다. 투자자에게 핑크빛 미래를 약속하던 이국의 물품이 사라지거나 물에 잠기는 일이 빈번했기 때문이다. 뉴턴 역시 그 불안한 도박에서 실패하고 말았다. 뉴턴은 1720년 남해회사 south sea company의 주식을 샀지만 불과 몇 개월 만에 2만 파운드를 잃게 되었다. 당시의 2만 파운드의 가치는 인질로 잡힌 국왕을 빼내올 수 있을 정도의 큰 액수였다. 올라가는 것은 반드시 내려온다는 법칙을 발견한 사람에게 그 법칙이 고스란히 적용된 것은 역사의 아이러니라고 할 수 있다.

타고난 투기자 - 제프 베조스

늘 편안한 웃음을 머금은 채 정장보다는 간편한 옷차림을 좋아하고 가족 프로그램을 즐겨 보는 남자, 때로는 오스틴 파워처럼 우스꽝스러운 의상을 입고 공식 석상에 등장할 만큼 격식을 차리지 않는 자유인, 대기업의 CEO(chief executive officer : 최고 경영 책임자)면서도 'Jeff@amazon.com' 이라는 평범한 전자우편 주소를 가지고 있는 사업가, 이것이 대중의 눈에 비친 제프 베조스Jaff Bezos의 모습이다.

아마존Amazon의 CEO인 베조스는 탁월한 재능과 열정으로 기업의 신기원을 이룬 인물이다. 베조스는 뉴멕시코 주의 알버커크에서 태어났다. 어린 시절 베조스는 수학에 재능을 보였으며 기계를 조작하는 데 많은 관심이 있었다. 한번은 진공청소기를 분해해서 비행정을 만들려다 실패한 적도 있었다. 따라서 베조스가 1980년대 중반 프린스턴 대학에서 컴퓨터 공학과 전기 공학을 전공하게 된 것은 당연한 순서였다. 대학을 졸업한 베조스는 1990년 고작 26세라는 나이에 뱅커스 트러스트Banker's Trust의 부사장이 되었다. 이후 그는 투자 전문 기업인 디이 쇼DE Shaw로 자리를 옮겨 그 회사의 헤지펀드(hedge fund : 고수익을 노려 투기적인 자금 운용을 하는 투자 신탁 조합) 상품을 히트시키는 주역이 되었다. 그 보상으로 베조스는 수석 부사장이 되었다. 그의 나이 28세 때의 일이었다.

그러나 베조스의 마음은 바빴다. 허공에 엄청난 보물이 널려 있다는 사실을 감지했기 때문이었다. 그 보물이란 온 세계의 책상을 하나로 이어 주는 인터넷이라는 보이지 않는 끈이었다. 당시는 팀 버너스 리 Tim Berners Lee 라는 또 다른 천재에 의해 '웹 브라우저'가 개발되어 누구나 간편하게 그 끈을 붙잡을 수 있었다. 어느 날 베조스는 한 달 만에 웹이 300퍼센트나 성장했다는 엄청난 사실을 발견했다. 마치 어린아이가 휴대용 전자계산기를 가지고 놀듯, 사람들은 인터넷이라는 낯선 장난감에 정신을 빼앗기고 있었다. 그러나 웹의 잠재력을 깨닫고 있었던 사람들은 극소수에 지나지 않았다. 베조스는 웹이 단순히 정보를 서로 주고받는 용도 이상으로 쓰일 수 있다는 사실을 깨달은 극소수의 사람들 가운데 한 명이었다.

예나 지금이나 월스트리트는 돈벌이에 관한 한 다른 사람들이 따라올 수 없는 천재들로 넘쳐나는 곳이다. 따라서 웹을 통해 물건을 사고팔 수 있다는 생각을 하고 있던 사람은 베조스 하나가 아니었다. 문제는 무엇을 파느냐였다. '소프트웨어, 비디오, 장난감, 책……' 웹을 통해 판매할 품목들을 적어 나가던 베조스의 펜촉이 갑자기 멈췄다. 책! 순간 베조스의 입 안 가득히 침이 고였다.

여섯 개의 대기업이 나누어 독점하고 있는 음반 시장과는 달리 미국의 출판 시장은 누구에게나 개방되어 있었다. 물론 초대형 프랜차이즈 서점들이 있기는 했지만 그들 중 아무도 시장을 장악하지 못했다. 미국의 대표적인 서점 반즈앤노블 barnes&noble 의 경우에도 전체 250억 달러에 달하는 출판 시장 규모 가운데 고작 12퍼센트를 차지하고 있을 뿐이었다. 당시 시중에 나와 있는 음반은 30만 종이었던 반면 책은 130만 종이었으니 그 많은 책을 물리적 공간에 모두 진열한다는 것은 불가능한 일이었다.

두 가지 선택이 베조스 앞에 놓여 있었다. 누군가 허공의 보물을 차지하는 모습을 지켜볼 것인가? 아니면 직접 허공에 뛰어들 것인가? 세상의 모든 사람들이 부러워하는 사회적 지위와 안락한 삶을 내던지고 위험이 도사리고 있을 미지의 세계로 뛰어들 결단을 내린다는 것은 쉬운 일이 아니었지만 베조스는 그 길을 택했다. 새 술은 새 부대에 담으라는 말처럼 그는 간단한 짐을 꾸려 뉴욕을 등진 채 서쪽으로 떠났다. 베조스는 야망에 불타고 있었다. 그는 투자자들에게 도서 사업의 판로를 통째로 바꿀 포부를 밝혔다. 그러나 사람들의 반응은 차가웠다. 뒤에 당시를 회상하며 베조스는 이런 말을 했다.

"성공할 수 없는 계획이라고 말했던 사람들이 그때마다 동전 한 닢씩만 줬어도 충분한 돈이 모였을 겁니다."

그러나 그 정도에 기가 꺾일 베조스가 아니었다. 더구나 아무리 생각해도 사이버 공간에 자리 잡은 대규모 서점이라는 아이디어는 충분한 가능성이 있었다. 그렇게 되면 복잡한 지점망도 필요 없으며 인건비를 비롯한 여러 경비도 상당히 줄어들 것이었다. 그렇게 해서 절약된 경비의 일부분을 소비자에게 되돌려 주면 고객이 늘어나는 것은 불 보듯 뻔한 일이었다. 베조스는 집요하게 투자자들을 설득했고 결국 그의 재능과 열의, 그리고 구체적인 사업 전망을 인정한 투자자들이 하나 둘 모이기 시작했다.

베조스에게 있어서 젖과 꿀이 흐르는 약속의 땅은 워싱턴 주였다. 특히 시애틀 주변은 최첨단 기술을 지향하는 기업의 요새였다. 마이크로소프트Microsoft의 본사도 이미 그곳에 들어와 있었다. 더구나 시애틀은 서적 총판 회사의 창고가 모여 있는 오리건 주의 로즈버그와도 가까운 위치에 있었다. 그러나 베조스의 서부 생활이 처음부터 순탄했던 것은 아니었다. 그의 첫 보금자리는 시애틀 교외의 벨레뷰에 마련한 전셋집이었다. 그리고 베조스가 단 세 사람의 직원과 함께 새로운 신화의 막을 올린 것도 그 집 차고에서였다.

이제 회사의 이름을 지어야 했다. 처음 베조스의 머릿속에 떠오른 것은 '커대브러cadabra'였다. 옛날 사람들이 학질에 걸린 환자의 쾌유를 위해 읊었던 '아브라 카다브라abra cadabra'라는 주문에서 따온 것이었다. 마술 같은 신속함으로 소원을 이룬다는 의미를 담은 명칭이었다. 그러나 커대브러라는 발음이 커대버(cadaver : 시체)와 너무도 흡사했기 때문에 베조스는 네트워크와 어울리는 이름을 다시 찾기로 결심했다.

'네트워크처럼 머무르지 않고 끝없이 움직이는 이름, 움직이는 것은 흐름, 흐름이면 강물, 그것도 커다란 강. 어디 보자, 나일은 아니고, 그렇다. 아마존!'

그렇게 아마존이라는 이름이 탄생하게 되었다.

베조스는 독자를 위한 새로운 기술의 장이 열렸음을 선포했다.

아마존은 소비자로 하여금 오프라인 서점을 방문한 것 같은 느낌을 가질 수 있도록 흥미진진하게 구성되었다. 사이트를 뒷받침해 주는 거대한 용량의 컴퓨터는 각 소비자의 이전 방문 기록을 토대로 기호에 맞는 책 제목을 나열해 준다. 소비자가 그 사이트를 자주 찾으면 찾을수록 그 소비자의 기호에 관한 자료가 쌓이게 된다. 또한 전자우편을 통해 주문한 책의 발송 일자를 알려 주고 그 밖에 특별한 행사나 세일에 관한 정보도 제공해 준다. 그 사이트는 단순히 책을 사고파는 거래의 장이 아니다. 사용자에게 그들이 구입한 책의 등급을 매기도록 권장하며 독서 후기를 위한 공간도 마련해 두고 있다.

 1998년 베조스는 사이버 공간에서 판매할 수 있는 다른 품목들을 생각하기 시작했다. 음악과 시디를 품목에 첨가하자 아마존은 순식간에 대기업의 반열에 올랐다. 그 뒤를 이어 컴퓨터, 프린터, 디지털 카메라, 소프트웨어, 레저 상품, 자동차 등을 품목에 포함했으며 얼마 뒤에는 이베이Ebay를 좇아 경매 공간까지 마련하기에 이르렀다. 시장의 범위도 미국을 벗어나 전 세계로 확산되었으며 그에 발맞춰 여러 언어의 사이트가 개설되었다.

 베조스는 미래에 대한 신념을 지니고 있는 인물이었다. 자신의 신념을 굳게 유지한 덕분에 그는 사이버 업계의 상징이 되었다. 1999년 〈타임지〉는 베조스를 '올해의 인물'로 선정했다. 당시 35세였던 그는 역대 수상자들 가운데 네 번째로 젊은 나이였다.

 1997년 아마존은 주식 공개를 단행했는데, 공개 당시 미화 18달러였던 주가는 2년 뒤 거의 100달러 선에 다다랐다. 그러나 그 상승세가 극적이었던 것만큼 곧이은 내리막도 가팔랐다. 초기 투자비용이 막대했기 때문에 적자가 늘어나자 아마존의 주식은 30달러 선까지 밀려나게 되었다. 그러다 2001년 4사분기가 되어서야 비로소 다시 손익 분기점을 넘어섰다. 이는 세상을 뒤바꾸어 놓을 만한 아이디어를 가진 기업도 최소한 창립 초기에는 간신히 수지를 맞추는 정도로 고전해야 한다는 사이버 업계의 역설을 입증해 준 예가 되었다.

 망상이 불러온 대국민 사기극 - 알바니아 피라미드 사업

알바니아는 유럽에서 가장 가난한 나라 가운데 하나로 꼽힌다. 국토의 대부분이 산악 지역으로 석유, 크롬, 석탄 등의 광물 자원이 풍부하지만 운송과 통신 등을 비롯한 기간산업이 취약한 탓에 제대로 개발되지 못했기 때문이다. 지리적으로는 아드리아 해를 사이에 두고 이탈리아와 마주 보고 있기에 유럽과 근동을 잇는 전략적 요충지지만 지금까지 그 이점을 제대로 활용하기는커녕 오히려 주변 강국들에 의해 수난을 겪어야 했다.

20세기 중엽부터 말엽에 이르기까지 약 40년 동안 알바니아는 공산 독재 정권의 지배를 받았다. 공산 정권은 종교를 비롯한 기본적인 자유는 물론 자유 교역까지도 철저히 억압했다. 마르크스Marx

와 레닌Lenin의 이념을 좇아 '노동자의 낙원'을 건설한다는 명분 아래 이루어진 인권 탄압이었다. 공산 정권의 수반인 엔베르 호자Enver Hoxha는 소련, 중국과의 밀월 관계를 차례로 청산하고 독자적인 노선을 걸었다. 결국 알바니아는 국제 정치 무대에서 섬처럼 고립된 존재가 되었다.

1992년 공산 정권이 물러난 뒤에야 비로소 알바니아 국민들은 자신이 살고 있는 곳이 지상 낙원이 아니라는 사실을 깨달았다. 그러나 생활필수품조차 제대로 갖추지 못할 만큼 모두가 궁핍했기에 다시 찾은 사유 재산의 권리를 행사한다는 것은 꿈 같은 이야기였다. 단순히 빵을 얻기 위한 폭동이 연이어 발생했고 소아마비와 같은 질병이 만연했다. 시장은 자유경제체제로 바뀌고 산업체는 민영화되었지만 해외로부터의 투자는 거의 없다시피 했다. 그도 그럴 것이 산업 장비는 박물관에 진열될 정도로 낡아 쓸모가 없었고, 명령에 복종하는 습관만이 몸에 배어 있는 기술자나 노동자에게 창의성이나 생산성을 기대하기란 어려운 일이었기 때문이다. 전체적으로 새로운 환경에 부응해 발전해 나갈 여건이 전혀 조성되어 있지 않은 상황이었다.

하지만 대다수의 국민들이 가난에 허덕이고 있는데도 엄청난 부를 누리는 극소수의 집단이 있었다. 그들은 값비싼 외제차를 타고 거리를 달렸고 유명 디자이너의 옷을 입었으며, 고급 식당에 갈 때마다 무장한 경호원의 호위를 받았다. 그들이 어떻게 그런 상황을 누릴 수 있게 되었는지는 굳이 알아볼 필요가 없다. 그들은 허울뿐인 법을 교묘히 이용했다. 알바니아에서는 내국인이 중고 외제차만을 구입해야 한다는 법이 있지만 도로를 달리는 고급 승용차의 서류상 '전 주인'은 그 차를 본 적조차 없었다.

알바니아는 또한 서유럽으로 건너가고자 하는 사람들이 모이는 곳이었다. 새로운 땅에서 새로운 미래를 개척하기 위해 알바니아 사람들은 물론 아시아 각국의 사람들이 알바니아의 긴 해안선 곳곳에 모여 기회가 오기만을 기다리고 있었다. 따라서 목돈을 받고 그들을 서유럽에 데려다 주는 일을 하는 암흑 세력이 활개를 친 것은 당연했다. 알바니아의 국경은 경비가 허술한 데다가 대부분의 관리들은 국경에서 벌어지는 거래를 눈감아 주고 있었다.

가난에 허덕이던 알바니아 국민들은 부자가 되고 싶었지만 그 방법을 전혀 몰랐다. 그들은 돈이 저절로 굴러 들어와야 된다고 믿었다. 보잘것없는 임금을 아끼고 아껴도 신발 한 켤레조차 제대로 사지 못하는 형편이었다. 따라서 열심히 일해서는 결코 가난을 면할 수 없다는 역설이 절대적인 진리로 받아들여지고 있었다. 은행에 여윳돈을 예치한다는 것은 꿈도 못 꿀 이야기였지만 설사 그럴 여력이 있다고 해도 나라에서 화폐의 가치를 내리는 평가 절하를 단행하는 즉시 휴지 조각이 될 테니 저축은 먼 나라의 일이었다. 그나마 몇 안 되는 시중 은행에서는 신용 대출을 해 주는 일도 없었으므로 일반 대중들에게 은행이란 접근 금지 구역이나 마찬가지였다.

예금이나 신용 제도가 제대로 운용되지 않는 틈새를 노려 여러 가지 투자 상품이 국민 앞에 선을 보였다. 명칭은 각각 달랐지만 그 상품들의 본질은 똑같았다. 일정 금액을 투자하면 매달 정기적으로 상당한 수익을 지급하는 금융 피라미드였던 것이다. 그 상당한 수익에 매료된 국민들은 말 그대로 피 같은 돈을 앞 다투어 투자했다. 초기에는 그 약속이 지켜지는 것 같았다. 상당한 수익을 지급받은 투자자들은 행복해했다. 그러나 그 수익은 뒤이은 투자자들의 호주머니에서 나온 것이었다. 금융 피라미드 사업이 유지되기 위해서는 투자자가 계속해서 증가해야만 한다. 더욱 많은 투자자를 유치하기 위해 회사 측에서는 때로 엄청난 배당금을 지급하기도 한다. 그러나 일단 투자자가 줄어들게 되면 전체 구조가 붕괴된다. 더 이상 배당금을 지급할 돈이 없기 때문이다. 피라미드 사업이란 투자자 개개인의 망상이 근간이 되어 이루어지는 것이다. 각각의 망상은 마치 피라미드를 이루고 있는 각각의 벽돌처럼 앞뒤와 양옆의 망상에 의존하고 있다.

알바니아의 피라미드 상품 가운데에는 매달 투자액의 50퍼센트에 달하는 배당금을 약속한 것들도 있었지만 대부분은 월평균 10퍼센트 내외였다. 그래도 그 정도면 1년 이내에 투자 금액이 두 배로 불어나게 된다. 그 상당한 수익의 유혹에 넘어간 사람들은 알바니아 성인 인구의 3분의 2이상에 달했다. 아끼고 아껴 모아 온 꼬깃꼬깃한 돈이 피라미드 회사의 구좌로 몰려 들어갔다. 돈에 대한 수요가 몰리자 알바니아 화폐인 렉lek의 가치가 평가 절상되는 현상까지 나타났다. 피라미드 사업가들은 그야말로 돈방석에 앉게 되어 선진국 대부호의 삶에 견줄 만한 호화로움을 누렸다.

그들은 엄청나게 축적한 자금으로 땅, 슈퍼마켓, 선박 회사, 심지어 축구팀까지도 사들이기 시작했다. 투자자들은 피라미드 계획을 주도한 세력들 가운데 상당수가 지하 세계의 조직과 연관을 맺고 있다는 사실을 대수롭지 않게 여겼다. 어차피 돈을 벌려면 그 정도의 위험 부담은 받아들여야 한다고 생각했던 것이다.

그렇듯 피라미드 사업이 큰 재난을 불러올 것은 이미 예정된 일이었다. 어느 정도 시간이 지나자 배당금 액수가 형편없이 줄어들기 시작했다. 투자자들은 그제야 싸늘한 현실의 바람을 느꼈다.

1996년 드디어 거품이 터져 버렸다. 이미 그 전부터 나돌던 비관적인 소문을 입증이라도 하듯 그해 11월, 최대 규모의 피라미드 회사 사장이 미화 1,300만 달러에 달하는 현찰과 함께 자취를 감췄다. 그 사건을 시작으로 수많은 피라미드 회사가 차례로 문을 닫기 시작했다. 원래 가난했던 대다수의 알바니아 국민들은 이제 완전히 거덜난 상태가 되었다. 그들은 절망의 암흑 속에서 속죄양을 찾기 시작했다. 가장 먼저 표적이 된 것은 당시의 정권이었다. 살리 베리샤Sali Berisha 대통령이 피라미드 사업에 연루되었다는 소문이 퍼져 나갔다. 그동안 베리샤 대통령이 피라미드 사업에 우호적인 입장을 취해 온 것도 사실이었다. 국민 전체를 우롱한 사기 행각을 미연에 방지하기는커녕 오히려 권장하다가 국민들의 피 같은 돈을 사기꾼들과 나누어 갖고 그들이 도망가도록 내버려 뒀다는 원망의 소리가 들려왔다. 그러더니 급기야 관공서가 연이어 습격당하는 사태가 발생했다.

사상자가 늘어나면서 사태의 절박함을 깨달은 정부 측에서는 모든 피라미드 사업을 중단시키고 앞으로도 완전히 금지한다는 법령을 부랴부랴 제정하고 발표했다. 미처 몸을 피하지 못한 피라미드 사업 관계자들은 모두 체포되었다. 이어 베리샤 대통령은 대국민 연설을 통해 피라미드 사업 관계자로부터 압수한 재산을 토대로 피해자에 대한 보상을 실시하겠다고 약속했다. 그러나 그 연설 마지막에는 피해자 모두에게 만족할 만한 보상이 돌아갈 수 없다는 단서가 붙어 있었다. 하지만 그 정도로는 분노한 시민들을 달랠 수 없었다. 사기를 당한 피해자들은 폭도로 돌변해 군대의 무기고까지 습격했다. 대부분의 경찰과 군인도 피해 당사자였기에 정부의 방어는 허술하기 짝이 없었다. 치안의 공백 상태를 틈타 세력을 잡은 것은 암흑가의 조직들이었다. 중화기를 포함해 약탈 군수 물자는 그들만의 루트를 통해 국외로 팔려 나갔다. 시위는 갈수록 과격해졌다. 전국의 교도소 문이 열리고 죄수들이 풀려났다. 당시 반정부 활동 혐의로 갇혀 있던 현재 알바니아의 수상 파토스 나노Fatos Nano가 풀려난 것도 그때였다.

피라미드 업체로부터 압류한 모든 자금을 풀어도 구제할 수 있는 대상은 전체 피해자의 3분의 1에 불과했다. 부족한 부분을 충당하기 위해 정부가 선택할 수 있는 길은 오직 하나, 돈을 더 찍어 내는 방법뿐이었다. 이로 인해 가뜩이나 부실했던 알바니아의 경제는 헤어날 수 없는 악성 인플레이션의 나락으로 곤두박질치게 되었다.

이제 정부가 어떤 안정책을 발표해도 알바니아 국민은 믿으려 하지 않았다. 실현시킬 수 있는 수단이 전혀 없는 상태였으니 아무리 그럴 듯한 정책이라도 전혀 소용이 없었다. 그나마 몇 안 되던 외국의 투자자들은 이미 첫 비행기를 탄 상태였고, 고급 인력을 포함한 수많은 내국인들도 비자 발급 창구 앞에 줄지어 서 있었다. 다시 질서가 잡히기 시작한 시기는 이탈리아 군대를 주축으로 한 다국적 평화 유지군이 도착하고 나서였다. 베리샤는 사임했고 선거가 실시됐다. 선거 결과는 사회당의 승리였다. 개혁 공산주의를 표방한 사회당은 다름 아닌 이전 공산당 당수 호자의 계승자들이었다.

새로운 정부의 최우선 과제는 마비 상태에 이른 국내 경제를 살리는 일이었다. 자본재는 바닥이 났고 한동안 세금도 걷히지 않았다. 렉의 환율 또한 바닥을 치고 있었다.

다행히 국제 금융 업계에서 대규모의 융자를 해 준 덕분에 알바니아의 경제는 조금이나마 숨통이 트일 수 있었다. 그러나 거기에도 대가는 있었다. 국제 사회의 지원금 동결, 소비세를 비롯한 각종 세금 비율의 상향 조정, 정부 경비의 대폭 삭감 등 채권자 쪽의 요구를 무조건 수용해야 했다. 그러면서도 알바니아의 정세와 경제가 안정을 이룰 날은 아득하기만 했다.

피라미드 사업으로 인한 알바니아 투자자들의 총 피해액은 10억 달라 내지 20억 달러로 추산된다. 불행하게도 피해를 온전히 보상받은 사람은 하나도 없었다. 단 한 푼도 돌려받지 못한 사람들이 너무나 많았기 때문에 조금이라도 보상받은 사람은 그것에 만족해야 했다. 새로 들어선 정부는 1997년 외국 감사단이 알바니아의 피라미드 사업을 조사할 수 있도록 허용하는 법안을 통과시켰다. 그러나 외국 감사단의 조사 작업은 부족한 증거 자료와 내부 세력의 방해 공작으로 인해 난관에 부딪혔다. 비교적 작은 규모의 피라미드 기업 관계자 가운데에는 실제로 법의 처분을 받은 사람도 있었지만 큰손들은 모두 법망을 빠져나가 유럽 각지로 잠적해 버렸다.

알바니아 피라미드 사태의 진정한 승자는 '알바니아 마피아'라고 불리는 암흑 조직이었다. 정부 주도의 경제를 살리려는 노력이 중심을 못 잡고 비틀거리는 동안 그들의 자금과 영향력은 커져만 갔다. 정부는 담배에 부과하는 소비세를 인상해 세 수입이 증가되길 기대했지만, 많은 흡연자들이 마피아 조직을 통해 공급되는 담배를 구입했기 때문에 그 노력은 실패로 돌아갔다. 한편 국정 운영 예산의 대규모 삭감으로 인해 국민에 대한 행정 서비스는 거의 이루어지지 못하고 있었다. 국민에 대한 봉사라는 제1원칙이 뒷전이 된 공무원 사회는 무사 안일의 태도와 자신의 몸만 보전하려는 생각이 팽배해질 수밖에 없었다. 그나마 버티지 못하고 해고된 인사들은 대부분 암흑세계로 흡수되었다.

알바니아 피라미드 사기극이 남긴 가장 큰 상처는 서로 간에 믿지 못하는 풍조의 만연이었다. 앞에서도 말했듯이 그 나라에서 땀을 흘려 부자가 되기란 힘든 일이었기에 일단 부자를 보는 사람들의 시선이 곱지 않았다. 한편 행정부를 비롯한 공공 기관도 불신의 눈초리를 받기는 마찬가지였다. 정당 소속의 정치인, 공무원, 법관 등 사회 지도층 인사들은 모조리 탐욕스러운 인물로 낙인찍혔다. 모두가 큰 혼란 속에서 대가를 치루고 있었다. 부정부패와 불신만이 만연한 사회에 기꺼이 투자할 외국의 자본가는 없었다. 더구나 당시 한창 고조되었던 발칸 반도의 위기 사태는 상황을 악화시킨 또 다른 원인으로 작용했다. 현재까지도 알바니아는 국제 사회의 관용과 자선에 의지하는 처지에서 벗어나지 못하고 있다. 나라 안으로는 여전히 무질서와 범죄가 판을 치고 있는 실정이다.

지금까지 뉴턴과 베조스, 그리고 알바니아 사태를 통해 탐욕과 투기, 그리고 망상의 작용을 훑어보았다. 이제 우리의 내면 깊숙이 자리 잡고 있는 탐욕과 투기, 그리고 망상의 실체를 좀 더 자세하게 분석해 인간의 정신과 행동에 미치는 그들의 영향력을 살펴보도록 하겠다.

2장
좋은 탐욕과 나쁜 탐욕

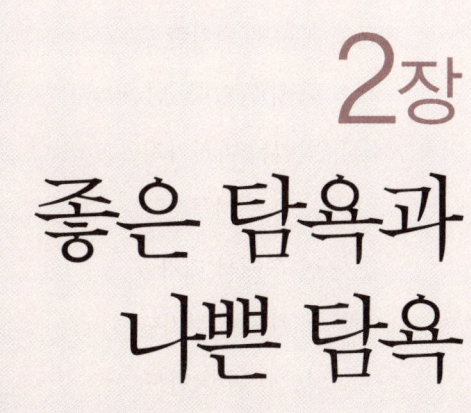

 탐욕의 본질

1986년 5월 정크 본드(junk bond : 수익률이 높지만 신용도가 낮아 투자 위험성이 매우 높은 채권)계의 대부, 이반 보에스키Ivan Boesky는 캘리포니아의 한 대학 졸업식에서 이런 연설을 했다.

"탐욕은 좋은 것이기에 얼마든지 욕심을 부려도 괜찮습니다. 그런 자신의 행동을 기분 나쁘게 생각할 필요도 없습니다."

역사 이래로 탐욕은 옳지 않은 것으로 생각되어 왔다. 기독교적인 관점에서 보자면 탐욕은 일곱 가지 중죄 가운데 하나다. 욕심을 부리는 것은 사치와 부, 그리고 끝없는 소유와 연결되어 있어 죄라고 여겨질지 모르지만 우리를 살맛 나게 하는 요소인 것 또한 사실이다.

그러나 우리의 삶이 단순히 이 세상에서 끝나는 것이 아니라면 욕심 많은 영혼이 자유로워지기는 힘들 것이다. 동서양을 막론하고 거의 모든 종교와 철학 사조에서는 욕심을 경계하고 떨쳐 버려야할 대상으로 간주하고 있다. 신학자에 따르자면 세속적인 것에 지나치게 집착하는 것은 단순히 잘못된 정도가 아니라 죄악이며 전능한 절대자에 대한 모욕이다. 영원한 낙원이 곧 펼쳐진다지만 욕심 많은 사람들은 그 낙원을 기다리지 못한다. 그들은 바로 이 땅 위의 낙원을 원한다.

욕심은 또한 세속적인 안락과도 이어진다. 그것은 돈 그 자체나 돈으로 구할 수 있는 모든 사치와 환락으로 가득 찬 삶에 대한 갈망이다. 그러나 인간은 영원히 땅 위에서만 머무를 수 없다. 또한 지상에서 쌓은 부를 저승에 가져갈 수 없다는 냉혹한 사실도 모두 알고 있다.

엄청난 부가 한 사람의 마지막 순간을 보다 편안하게 해 줄 수 있을지는 모르지만 그렇다고 죽음 자체를 끝없이 미룰 수는 없다. 부자의 무덤은 온갖 값비싼 장식으로 화려하게 꾸며질 수는 있다. 하지만 그 안에 간직될 것은 역시 한 줌의 재일뿐이다.

 탐욕의 역사

모든 생명체는 살기 위해 욕심을 부린다. 인간 역시 건강하게 살아남아 자신의 핏줄로 대를 잇기를 바란다. 대를 잇기 위해서는 힘이 있어야 하고 힘을 얻기 위해서는 먹어야 한다. 음식이 욕심의 근원인 까닭이 바로 여기에 있다.

모든 자원이 절대적으로 부족하고 운송과 배급이 철저하게 취약했던 시절에는 음식에 대한 인간의 욕심을 제재할 필요가 있었다.

그러나 그런 제재는 별다른 효과가 없었다. 먹을 수 있는 사람은 먹었고 그렇지 못한 사람은 굶주려야 했다. 먹을 것에 지나치게 집착하는 것은 폭음과 폭식이라는 또 다른 죄악으로 규정되었다. 그러나 원하기만 하면 언제나 성찬을 즐길 수 있는 여유를 가진 사람들은 자신의 행위를 정당화시킬 수 있는 능력도 가지고 있었다.

고대 희랍의 많은 철학자들은 능력에 따른 식생활의 차이를 인정했다. 아리스토텔레스Aristotle는 자격 있는 시민들은 그에 합당한 삶을 누려야 한다고 역설했다. 중세의 신학자와 철학자 역시 모든 사람들이 철저하게 청빈한 삶을 살아야 한다고 주장하지는 않았다. 문제는 지나친 집착이다. 중용의 도를 높였던 아리스토텔레스는 다음과 같이 말했다.

"재물은 적당할 만큼 지녀야 한다. 양극단이 아닌 중용의 도리가 진실되고 이성적인 인간의 자세다."

그러나 일반 사람들에게 있어서 중용의 도를 지킨다는 것은 쉬운 일이 아니다. 그에 관해 플라톤Plato은 《공화국》에서 부귀에 대한 애착과 중용의 도는 서로 상충된다고 경고한 바 있다.

한편 음식에 대한 지나친 집착은 죄악의 여부를 따지기 이전에 그 자체로 문제를 지니고 있다. 비만과 소화불량을 비롯한 과식으로 비롯되는 질병이 그것이다. 늘 성찬을 즐겼던 영국의 헨리 8세Henry VIII는 악성 변비에 시달렸던 것으로 잘 알려져 있다.

물론 욕심과 집착을 경계해야 하는 대상이 음식뿐만은 아니다.

계몽의 먼동이 트기 전, 중세 유럽에서는 지식에 대한 탐욕을 바람직하지 못한 것으로 여겼다. 특히 교회는 지식에 대한 지나친 집착을 경계했다. 인간에게 필요한 만큼의 지식은 하늘에서 이미 알려주셨으며 그 정도를 넘어 지식을 탐하게 되면 어둠의 영역에 발을 들여놓게 된다는 논리였다.

 부에 대한 탐욕

부를 좇는 방법은 여러 가지가 있다. 세속적인 부를 하찮게 여겼던 중세에도 생산적인 일에 종사하며 땀 흘려 부를 쌓는 행위는 바람직하게 여겼다. 그러나 투기나 고리대금업 같은 비생산적인 방법을 통해 부에 대한 욕구를 채우려 하는 행위는 탐욕이며 죄악으로 여겨 엄청난 비난을 받았으며 때로는 처벌까지 받았다.

중세 유럽의 지배층 사이에서는 돈 자체를 경멸하는 풍조가 있었다. 돈이 고리대금업자의 항문에서 나온다는 우스갯소리가 떠돌만큼 돈은 더러운 것이었다. 그러나 본격적으로 무역의 시대가 열리자 편리한 교환 수단의 필요성이 절실해지면서 돈의 이미지는 현격히 높아지게 되었다. 그러나 시간이 지날수록 교환 수단보다는 부의 축적 수단으로서의 돈의 기능이 다시금 부각되기 시작했다.

성경에는 "돈을 사랑하는 것은 모든 악의 근원이다."라는 말과 같이 돈에 대한 집착을 경고하는 대목들을 어렵지 않게 찾아볼 수 있다. 중세의 정신세계를 지배했던 교회에서 돈에 대해 취했던 자세는 겉으로는 성경의 말씀과 다르지 않았다. 그러나 당시 교회가 가지고 있던 엄청난 규모의 부동산, 그리고 교황을 비롯한 수많은 고위 성직자들이 누렸던 풍요로운 삶은 단순히 기도만으로 이루어진 것은 아니었다. 탐욕을 죄악이라고 규정한 것은 교회였다. 또한 탐욕스러운 상인과 고리대금업자를 죄악의 무리로 몰아붙인 것도 교회였다. 그러나 정작 그 교회의 탐욕을 억누를 존재는 없었다.

이런 모순된 현실을 절실히 느낀 아시시의 성 프란체스코 St. Francis는 프란체스코 수도회를 창설하고 성경 말씀에 보다 충실한 신앙 공동체를 이룩하려고 애썼다. 프란체스코 수도회에서는 오로지 필요한 만큼의 음식과 의복만을 기부받았을 뿐, 기도나 의식을 베푸는 대가로 돈을 받지 않았다. 그러나 프란체스코 성인이 세상을 떠난 뒤 초창기의 엄격했던 원칙이 흐지부지되어 버린 것은 참으로 애석한 일이 아닐 수 없다.

 중용 혹은 적당

인간은 살아가기 위해 음식을 필요로 한다. 이를 넘어선 음식에 대한 집착을 식탐이라고 부른다. 자원이 절대적으로 부족했던 시절,

주위 사람들이 굶주려 죽어 가고 있는 상황에서 먹은 것을 게우면서까지 음식을 탐했던 극소수 부유층의 행태는 분명 죄악이라고 할 수 있다. 그러나 음식 자체가 악한 것은 아니다. 결국 악한 것은 인간의 탐욕이다.

따라서 인간의 욕구가 죄의 경계를 넘지 않기 위해서는 중용의 도를 지켜야 한다. 그러나 앞에서도 지적했듯이 일반 사람들이 중용의 도를 지킨다는 것은 결코 쉬운 일이 아니다. 어쩌면 중용이라는 단어 자체가 지니고 있는 무게감 때문일 수도 있다. 그렇다면 중용 대신 보다 일반적인 '적당'이라는 단어를 가지고 접근하는 것도 좋은 방법일 것이다. 아울러 적당함이 육체나 정신 건강에 이롭다는 현실적인 측면을 늘 염두에 두면 더욱 효과적일 것이다.

돈이든 음식이든 자원에 대한 탐욕은 제로섬(zero-sum : 사회 전체의 이익이 일정해 한쪽이 득을 보면 다른 한쪽이 반드시 피해를 보는 상태) 게임이다. 그 게임에서 승자는 소유를 즐기고 패자는 결핍에 고통스러워해야 한다. 그런 상황을 막을 수 있는 안전장치는 오로지 중용의 도뿐이다. 그러나 중용의 도에는 현실적으로 강제하는 힘이 없을 뿐더러 그 한계도 모호하다. 따라서 게임의 당사자들은 중용이 개입할 틈을 주지 않는다. 결국 중용을 무시한 채 만족을 모르고 지나친 욕심을 부리는 것은 다른 사람에게 결핍의 고통을 안겨 주는 것이고 나아가 세상을 어둡게 만드는 야만스러운 행위로 이어질 수 있다. 따라서 모든 죄악 중에서도 탐욕은 당사자가 가장 부끄러워해야 할 죄다. 그러나 과연 역사적으로 얼마나 많은 부자와 권력가가 자신이 이룬 부나 휘어잡은 권력을 부끄러워했던가? 오히려 더 많은 부와 더 큰 권력을 갖지 못한 것을 수치로 여겼던 사람들이 대다수일 것이다.

 탐욕의 개념

16세기에 들어서면서 탐욕은 그때까지의 부정적인 이미지에서 상당히 벗어나게 되었다. 16세기는 계몽의 시대였고 지리상의 발견의 시대였다. 인간과 세계에 대한 기회의 가능성이 확산되면서 개인의 존재 가치가 드러나기 시작하자 모든 변화의 원동력이었던 탐욕에 대한 평가가 한껏 높아진 것이다. 사실 기본적으로 필요한 정도를 넘어선 여분에 집착하게 만드는 탐욕이 작용하지 않았더라면 그 엄청난 변화는 일어나지 않았을 것이다. 특히 유럽에서 더 이상의 여분을 얻기 힘들게 된 상황이 신대륙의 발견에 직접적인 동기를 제공했다고 보아야 할 것이다.

부에 대한 일반 사람들의 시각에도 변화가 일어났다. 그때까지 종교의 철저한 영향력 아래 놓여 있었던 사람들은 천상의 영화와 비교할 때 세속적인 부란 하잘것없고 덧없는 물거품에 불과한 것이라는 믿음을 지니고 있었다. 그러나 세상이 변하면서 종교의 영향력이 무너지게 되자 그 믿음에 지극히 인간적인 의문을 제기하기 시작했다. 천상의 부귀영화는 모든 사람들에게 똑같이 주어질 것인가? 그럴 만한 자격이 있는 사람에게만 주어져야 하는 것이 아닐까? 그렇다면 신은 어떤 기준으로 사람을 선별하실 것인가? 우선 지상에서 부를 누리게 한 뒤 그 부를 올바로 행사하는 사람들을 선택하시려는 것은 아닐까? 그렇다면 부자란 천상의 부귀영화를 누릴 수 있는 예비자 집단이 아닌가? 성경 말씀과는 들어맞지 않지만 나름대로 일리가 있는 의문이었다. 따라서 부자는 더 이상 비난받을 대상이 아니며 얻고자 하는 욕구 또한 타고난 것이라는 논리가 성립된 것이다. 그렇듯 인간의 존재 가치에 중점을 둔 사조의 부흥에 힘입어 탐욕이라는 단어가 비난의 대상으로 언급되는 빈도는 갈수록 줄어들었다. 물론 탐욕이 지닌 역사와 어감 때문에 여전히 부정적인 이미지에서 벗어나지 못했지만 이제 탐욕보다 더욱 신랄한 지탄을 받는 단어가 새로이 떠올랐으니 그것은 바로 '인색'이었다. 앞에서 살펴보았듯이 당시 부를 정당화하는 명분은 올바른 부의 행사였다. 따라서 나눔이 배제된 부, 즉 인색함이 강도 높은 비난의 대상이 된 것은 당연한 결과였다.

　17세기의 사상가인 프랜시스 베이컨Francis Bacon은 마치 비료처럼 널리 흩어뿌리는 것이 올바르게 돈을 사용하는 방법이라고 역설했다. 축적이 아닌 순환만이 돈의 본래 기능이라는 점을 새삼 강조한 말이다. 그 당시 돈을 움켜쥐기만 할 뿐 나누거나 쓸 줄 모르는 구두쇠는 많은 소설과 연극에서도 비난과 조롱의 대상이 되었다.

 **소유욕과 과시욕**

단순히 지출을 자제하는 생활을 하는 것이 구두쇠의 정의라면 세상에 구두쇠가 아닌 사람을 찾아보기 힘들 것이다. 이른바 진정한 구두쇠가 되려면 또 한 가지 거의 본능에 가까운 욕구를 자제할 수 있어야 한다. 그것은 바로 과시욕이다. 과시욕은 소유욕과 항상 붙어 다니는 단짝이다. 인간은 과시욕에서 자유롭지 못하다. 우리는 아주 어린 시절부터 과시욕에 눈뜨게 된다. 아무렇게나 그린 낙서를 부모님께 자랑한다던지 골목길에서 주운 사금파리를 친구들에게 뽐내던 경험은 누구나 갖고 있을 것이다. 나이를 먹어가면서 우리는 그 욕구를 억누를 필요성을 깨닫게 되지만 가끔씩 그 욕구가 저절로 나타나는 것은 어쩔 수가 없다. 극단적인 경우 과시욕은 노출증이라는 정신 질환으로 이어지기도 한다. 어쨌든 어느 정도의 과시욕을 지닌 사람이 가난을 극복하게 된 경우 세상에 자랑하는 모습을 흔히 볼 수 있다. 그런 과시욕은 존경받고 싶은 욕구, 혹은 인정받고 싶은 욕구와 직결된다.

과시욕은 보아줄 사람의 존재가 필요하다. 따라서 눈에 띄는 행위가 먼저 필요하다. 19세기 말과 20세기 초에 걸쳐 활동했던 미국의 정치 경제학자 소스타인 베블런Thorstein Veblen은 자신의 저서 《유한계급론》에서 과시욕에서 비롯된 소비, 즉 '보는 사람들을 의식한 소비 행태'에 관해 명확하게 분석하고 있다. 그에 따르면 과시욕에서 비롯된 소비 행태는 경제적 원칙에 비추어 볼 때 단순한 낭비에 지나지 않는다.

베블런은 과시적인 소비 행태의 경쟁적인 성질을 정확히 지적했다. 과시적인 소비 행태는 자신이 지닌 부가 상당한 정도의 단계에 이르렀음을 주변에 알리는 행위다. 그러나 그 당사자는 절대로 만족을 느끼지 못한다. 과시적인 소비는 금전적으로 경쟁하는 모습을 띠게 마련이다. 그것은 계속해서 난이도가 높아지는 '슈퍼마리오' 게임과도 같다. 대부분의 사람들은 높은 단계로 올라가길 꿈꾸지만, 실제로 그 단계에 올라서는 사람들은 극소수에 지나지 않으며 단계가 높아질수록 그 수는 줄어들게 된다.

한편 한 단계 위로 올라서는 사람들이 늘어날수록 자연히 그 단계는 붐비게 된다. 심리학자에 따르자면 붐비는 공간은 스트레스를 일으키기 때문에 보통 사람이라면 누구든 거기에서 벗어나고 싶어 한다고 한다. 가장 바람직한 탈출구는 다시 한 단계 위로 올라서는 것이다. 그것은 끝없이 반복되는 과정이다. 언제나 상위 단계가 존재한다는 것은 아무리 큰 부를 이루어도 더 큰 부를 이룬 사람들이 존재한다는 얘기다. 따라서 금전적 경쟁 심리가 작용하는 한 영원히 만족할 수 없게 된다는 주장이 성립되는 것이다.

철저한 구두쇠가 아닌 한 많은 부자들은 과시적인 소비 행태를 통해 자신이 이룬 부를 세상에 알린다. 기본적인 의식주를 넘어선 값비싼 옷, 귀한 음식, 호화스러운 저택 등이 과시적인 소비에 포함

될 수 있다. 오늘날 우리는 부를 통해 누릴 수 있는 모든 편의와 호화로움을 당연하게 받아들인다. 하지만 불과 300백 년 전만 하더라도 상황은 사뭇 달랐다. 우선 모든 환경이 너무도 비위생적이었다. 군주의 삶이라도 겉으로 보이기만 호화로울 뿐 질적으로는 촌부의 삶과 별 차이가 없었다. 금제 식기에 담겨 만찬에 올려진 음식에는 하나같이 향신료가 듬뿍 뿌려져 있었다. 그것은 입맛을 당기게 하기 위해서가 아니라 보존 수단이 열악한 탓에 상해 버린 음식의 악취를 감추기 위해서였다. 군주의 엄청난 부와 권력으로도 음식이 상하는 것을 막을 수는 없었다. 금제 식기에 담았다고 한들 상한 음식의 역겨운 맛이 어디로 가겠는가. 주거 환경도 마찬가지였다. 으리으리한 궁전을 몇 채씩 지을 수는 있어도 비위생적인 환경을 처리할 방법이 없었다. 일례로 영국의 헨리 8세는 곳곳의 궁전들을 전전하며 살았다. 어느 궁전에든 몇 개월 이상을 머무는 법이 없었다. 쌓이는 오물의 악취와 모여드는 사람들의 냄새를 견디지 못해서였다고 한다.

 이런 상황이 개선된 것은 모두 지식에 대한 욕구 덕분이라고 할 수 있다. 음식물 보존 방법의 혁신, 주거 환경의 위생화 등 오늘날 우리가 누리고 있는 모든 혜택은 지식에 대한 욕구가 원동력이 된 과학적 연구의 산물이다. 그런 과학적 산물이 개발된 초기에는 극소수의 부유층만이 그 혜택을 누릴 수 있었다. 그러나 어느 정도 시간이 지나자 일반 대중들도 그 혜택을 누릴 수 있게 되었다.

 **탐욕이 가져온 운송 수단의 발달**

아주 옛날에는 길이 불편하고 위험한 장소였다. 말을 길들이게 되고 마차 제작 기술이 보급되면서 상황은 상당히 좋아졌지만 여전히 오랜 기간의 여행은 고되고 위험했다. 그러다 증기 기관이 발명되고 철로가 놓이면서 편안한 여행이 가능해지게 되었다. 초창기의 기차표 값은 상당히 비쌌지만 철로망이 뻗어가고 여행객이 늘어가면서 기차는 서민도 손쉽게 이용할 수 있는 여행 수단으로 자리 잡게 되었다. 물론 기차 여행에서도 돈은 위력을 발휘했다. 부유한 사람들은 호화롭게 치장한 일등실에서 중세의 왕족과 같은 대접을 받았고 그렇지 못한 사람들은 붐비는 삼등실에서 딱딱한 좌석에 앉아 여행을 해야 했다. 물론 궁전 같은 일등실이나 가축우리 같은 삼등실이나 같은 시간에 목적지에 도착하기는 마찬가지였다.

19세기 말 자동차가 개발되면서 여행에 대혁신이 일어났다. 초창기 자동차 가격은 엄청나게 비쌌기에 그 혁신적인 운송 수단의 혜택을 누릴 수 있었던 것은 극소수 부유층에 지나지 않았다. 그랬던 상황이 변한 것은 헨리 포드Henry Ford를 비롯한 자동차 업계의 선각자들 덕분이었다. 그들은 저렴하면서도 튼튼한 차종을 대량으로 생산하기 시작했고 그와 함께 자동차 시대의 막이 올랐다. 그러나 자동차 소유가 일반화되자 다시 극소수의 부유층들은 보다 안락하고 신속한 운송 수단을 찾기 시작했다. 결국 그들의 욕구는 항공 시대를 여는 하나의 계기가 되었다.

　이상에서 살펴본 것처럼 보다 편하고 빠른 여행에 대한 욕구가 운송 수단의 발전을 불러온 커다란 원동력이 되었다. 한편 마차 시대에서부터 오늘날 비행기 시대에 이르기까지 모든 운송 수단은 가진 사람들을 위한 특별한 시설과 서비스를 제공해 왔다. 두꺼운 융단으로 실내를 도배한 마차, 호화스럽게 장식된 기차의 특실, 온갖 옵션을 장착한 스포츠카, 타고 내릴 때 가장 먼저 안내를 받는 퍼스트 클래스 등 그 모든 특별한 조건들은 가진 사람들의 과시욕과 그에 영합한 상업주의의 산물인 것이다.

　주거 환경이 개선되는 과정 또한 같은 방식으로 이루어졌다. 보다 살만한 곳에 대한 가진 사람들의 욕구는 근대에 들어 깨끗한 상하수도 시스템과 냉난방 시설이 개발되면서 어느 정도 충족되는 듯했다. 그러나 시간이 지남에 따라 보통 사람들 역시 그런 시설의 혜택을 누릴 수 있게 되자 더 이상 부를 과시할 수 없게 된 가진 사람들은 보다 더 살만한 곳에 집착하기 시작했다. 수영장, 체력 관리실, 실내 영화관, 금장 욕조 등 편의와 안락의 정도를 넘어서는 시설이 그들의 욕구에 부응해 맞춤 형식으로 제작되고 설치되었다. 그리고 앞으로도 새로운 시설에 대한 수요는 끝없이 이어질 것이다.

　이렇듯 탐욕은 경쟁적으로 비교하는 심리를 통해 탄생하고 자라난다. 탐욕은 다른 사람이 가진 것만큼을 가진 정도로는 절대로 충족되지 않다. 따라서 언제나 보다 많고 나은 것에 집착하게 만든다.

19세기 후반 미국 사람들 사이에서 팽배했던 탐욕의 풍조에 관해 베블런은 다음과 같이 밝혔다.

"어떤 욕구에 관한 만족이 대중화되면 경쟁적으로 비교하는 심리의 작용으로 인해 보다 나은 것에 대한 과도한 소비 현상이 일어난다. 그렇게 일어나는 소비 현상의 대부분은 실용적인 측면에서 정당화되기 힘든 것들이다."

실용성이라는 측면을 지나치게 의식하기는 했지만 베블런이 가장 바람직하게 여겼던 것은 생산적인 부였다. 베블런은 제복을 입은 심부름꾼에 둘러싸인 부자들의 삶을 낭비일 뿐이라고 지적했다. 심부름꾼은 고용주의 허영심과 과시욕을 만족시키는 대가로 보수를 받는 것에 불과하며 따라서 그런 고용 관계는 건강하지 못하다는 주장이었다.

 비싸면 비쌀수록 좋다

'싼 게 비지떡'이라는 말은 실제적인 효용 가치를 무시한 채 값싼 물품을 무조건 폄훼하는 오늘날 대중들의 소비 성향을 말해 주는 말이다. 베블런은 값싼 물품에 대한 경멸 풍조 역시 탐욕과 긴밀한 연관을 지니고 있다고 지적했다. 값비싼 물품을 구입하거나 고급 서비스를 누리는 것이 금전적인 경쟁 상황에서는 그 자체로 우월성의 상징이 되기 때문이다. 일상생활에서 뿐만이 아니라 사업 세계에도 그 논리가 적용되고 있다.

미국의 10대 기업 혹은 100대 기업에 꼽히는 법률 회사 가운데 상당수가 단순히 높게 책정한 수임료 덕분에 그와 같은 영예를 누리고 있다. 또한 서유럽의 도급업자 사이에서는 경쟁업체에 비해 견적을 너무 낮게 책정하는 것은 오히려 사업에 불리한 요소로 작용한다는 역설이 사실로 받아들여지고 있다. 낮은 견적은 자재의 부실과 기술의 미숙함을 스스로 시인하는 행위가 되는 반면 비교적 높은 견적은 우선 소비자에게 신뢰감을 주며 업자들도 스스로 높은 가격에 걸맞는 품질을 제공하기 위해 최선을 다하게 된다는 것이다.

 과시적 소비의 절정

과시적인 경쟁 심리는 탐욕을 더욱 부추긴다. 앞에서 지적했듯이 부의 단계는 끝이 없다. 따라서 탐욕도 끝이 없고 과시적인 소비도 끝이 없다. 그 끝없는 과정의 극히 초보 단계에서 소비는 실용성과 편의의 한계를 넘어서게 된다. 베블런은 일단 그 한계를 넘어서게 되면 오로지 과시적 소비의 사다리 오르기 경쟁만이 펼쳐질 뿐이라고 경고했다. 20세기에 들어 우리는 그런 현상을 빈번히 접할 수 있었다. 마르코스Marcos 정권 시절, 많은 필리핀 국민들은 맨발로 거리를 돌아다녀야 했다. 그러나 마르코스의 아내 아멜다Imelda의 신발장은 파리의 명품 매장에서 구입한 온갖 색깔의 값비싼 신발로 가득차 있었다. 패션의 노예였던 이멜다에게 새로운 스타일의 등장은 한 번도 신지 않은 이전 모델들을 버릴 때가 되었음을 알리는 신호가 되었다.

1989년 민주 혁명에 의해 권좌에서 쫓겨난 루마니아의 독재자인 니콜라에 차우셰스쿠Nicolae Ceausescu 부부 역시 과시욕으로는 둘째가라면 서러워할 인물이었다. 마르코스 부부와 차우셰스쿠 부부는 모두 권력만큼이나 금을 사랑했다. 그들의 거실은 금세공품으로 넘쳐났고 상하수도 파이프마저 금으로 만들었다. 사담 후세인Saddam Hussein과 그 집안 사람들 또한 금에 대한 사랑에 있어서는 결코 마르코스 부부나 차우셰스쿠 부부에 뒤지지 않았다. 이라크 전쟁이 본격적으로 전개된 직후, 연합군 병사들은 곳곳에 자리 잡은 그들의 궁전을 둘러보고 입을 다물 수가 없었다고 한다. 모든 수도꼭지와 욕조가 금으로 만들어져 있었기 때문이다. 그러나 목격자들을 가장 놀라게 만든 것은 우다이 후세인Uday Hussein의 한 거처에서 발견된 칼라시니코프 소총을 비롯한 금제 기관총이었다. 사담 후세인의 장남 우다이는 편집증 환자였다. 다른 사람들의 재산은 물론 남의 아내나 딸마저 맘에 들면 모두 자신의 것으로 만들어 버리는 탐욕 때문에 우다이에게는 적이 많을 수밖에 없었다. 여러 차례 그를 겨냥한 암살 시도가 있었는데, 그 중 한 암살자의 총에 맞아 평생 다리를 절게 되었다. 우다이가 늘 한두 자루의 기관총을 갖고 다녔던 이유가 바로 거기에 있었다. 그러나 실제로 그 무기를 사용한 적은 한 번도 없었다. 만일 그랬다면 금제 기관총이 그 성능 면에서 일반 기관총보다 나을 것이 없다는 사실을 깨달았을 것이다.

이상의 세 경우에서 우리는 몇 가지 공통점을 발견할 수 있다.

첫째, 그들은 모두 탐욕의 노예였다. 그들의 주인이었던 탐욕은 한때 그들에게 권력과 부를 안겨 주었지만 결국 그들을 완전한 파멸로 이끌었다.

둘째, 권력을 잡은 그들은 정당하지 못한 방법으로 부를 이뤘고 그렇게 이룬 부는 그들이 권력을 유지하는 데 크게 기여했다. 그들이 권력을 잃기 시작한 시점에야 비로소 그들의 비정상적인 소비 행태가 공공연하게 드러났다는 점은 권력과 부가 상호 보완 관계라는 사실을 다시 한번 입증해 주고 있다.

셋째, 그들은 제로섬 게임을 벌였다. 모든 권력과 부를 가지고 그들이 상상을 초월한 호화로움을 누리는 동안 국민들은 헐벗고 굶주려야 했다.

넷째, 한 번도 신지 않은 채 쓰레기통으로 던져 버린 신발, 끼니마다 식탁에 오르는 프랑스산 송로, 금제 상하수도 파이프와 기관총 등 그들의 소비 행태는 실용성을 철저히 무시한 과시적 소비의 극치였다. 여기서 한 가지 분명하게 밝혀 두어야 할 것은 과시적 소비는 그 단계가 올라갈수록 부러움보다는 비웃음을 사게 된다는 사실이다. 위에 열거한 세 독재자 집단과 그들의 과시적 소비 행태에 대한 역사의 평가는 비웃음 그 자체일 뿐이다.

 탐욕의 파급

인간의 탐욕이 과학 발전에 상당 부분 기여했으며 과학 발전은 다시 탐욕을 부추기는 하나의 요소가 된다는 사실은 앞에서도 여러 차례 지적했다. 19세기 인쇄 기술의 혁신 역시 탐욕과 직결된 과시적 소비 행태를 부추기는 요인이 되었다. 그 이전까지는 입소문을 통해 과시적 소비 대상이 될 만한 물품의 정보를 얻었지만 1890년대에는 카탈로그를 이용한 홍보 전략을 펼치기 시작했다. 처음에는 단순한 스케치로 상품을 소개했지만, 점차 값비싼 종이에 사진까지 첨가된 카탈로그가 등장하게 되었다. 그 카탈로그들은 하나같이 자기의 제품이 특별하다는 점을 강조했다. 과시적 소비 행태를 적극적으로 부추기는 전략이었던 것이다. 카탈로그를 이용한 전략이 제대로 먹히자 그 뒤를 이어 '삶의 질 향상'을 모토로 삼은 생활 잡지가 출간되기 시작했다. 초창기 카탈로그와 생활 잡지는 부유층을 겨냥한 것이었다. 그러나 가난한 사람이라고 해서 그 내용을 접하지 말라는 법은 없었다. 자연히 그런 정보들은 사회 모든 계층의 문화와 의식 속에 스며들었다. 결국 과시적 소비를 부추기는 책자가 유행을 선도

하게 되는 결과가 빚어진 것이다.

20세기 후반은 명실공히 텔레비전의 시대였다. 선진국에는 텔레비전이 없는 가정을 찾아보기 힘들었고 후진국에서조차 최소한 공공장소에는 텔레비전이 설치되어 있었다. 가장 시청률이 높았던 프로그램은 미국 방송사에서 제작한 드라마였다. 내용은 달랐지만 배경의 필수적인 요소는 미국의 중산층 혹은 부유층 가정이었다. 최고급 가구로 장식된 넓은 거실, 푸른 잔디가 곱게 깔린 마당, 쪽빛 물결이 찰랑이는 수영장, 번쩍이는 스포츠카 등 주인공의 호화로운 삶과 과시적 소비 행태는 세계 각국의 시청자들에게 여과 없이 전달되었다. 모스크바의 가정집에서나 캘커타의 버스 대합실에서나 텔레비전 화면 앞에 모여 있던 보통 사람들이 그런 삶을 꿈꾸게 된 것은 너무도 당연한 일이었다.

 오늘날의 탐욕

탐욕이 부정적인 이미지를 갖는 데에는 그 단어 자체에 대한 선입관이 큰 작용을 했다. '인간은 누구나 탐욕스럽다.'라는 말에는 많은 사람들이 반발하지만 '인간은 물적·지적 자원을 갈구한다.'라고 풀어쓰면 그 부정적인 이미지가 해소된다.

우리는 탐욕의 본질을 완전히 이해하지 못하면서도 여전히 그 단어를 사용한다. 탐욕은 늘 우리 입에서 오르내리며 우리 사회의 부정적인 측면으로 자리 잡고 있다. 예를 들어 어린아이들에게는 먹을 것이 생기면 나누어 먹도록 가르친다. 혼자 독차지하는 것은 탐욕이기에 나쁜 것이라고 교육하는 것이다.

유명한 프로 골프 선수인 벤 호건Ben Hogan이 어느 대회에서 아깝게 우승을 놓친 적이 있었다. 누군가 그에게 위로의 말을 건넸다.

"벤, 당신이라고 모든 경기를 다 이길 순 없잖아요."

그러자 호건이 되받아 물었다.

"왜, 그럼 안 되나요?"

얻고자 하는 갈망은 그 자체로는 결코 나쁜 것이 아니다. 교육의 커다란 목표 가운데 하나는 지식을 얻고자 하는 갈망을 북돋우는 것이다. 더 많이 배울수록 더 나은 삶을 살 수 있다고 학생들을 끝없이 부추기는 것이다.

1세기에 살았던 현자 플리니Pliny는 세상에 대해 알고자 하는 노력 이외의 다른 것들은 모두 낭비일 뿐이라고 주장했다. 플리니의 흥미를 끌었던 자연현상 가운데 하나는 화산의 분출 활동이었다. 플리니는 늘 분화구에 다가가 화산을 관찰하곤 했다. 화산의 내부를 몹시 궁금해 했던 플리니는 어느 날 너무나 가깝게 다가간 분화구에서 뿜어 나온 뜨거운 증기에 목숨을 잃고 말았다.

사회적인 측면에서 볼 때 플리니의 탐구욕은 탐욕이 아니다. 오히려 적극적으로 권장되어야 할 덕목이다. 다이앤 코우투Diane Coutu

는 〈하버드 비즈니스 리뷰〉에 기고한 기사를 통해 1980년대 미국 교육 제도의 모순을 적절히 지적했다. 수세대에 걸쳐 미국 교육계가 지향해 온 가장 이상적인 목표는 사회에 기여할 수 있는 소양을 지닌 국민을 배출하는 것이었다. 그 부분에서 코우투는 결국 교육의 목표가 '돈 버는 기계'를 양산하는 쪽으로 잘못 인도되었다고 지적한다. 그러나 1980년대는 '탐욕이 좋은 것'이었던 시대였다. 필요를 넘어서 가질 수 있는 모든 것을 갖고자 하는 탐욕이 경제 활동의 유일한 원칙이었다. 다시 말해 경제적 진화론에 입각한 적자생존의 세상이었던 것이다. 탐욕스러우면 탐욕스러울수록 그 세상에서 살아남을 확률이 높았다. 시류에 편승한 대학과 대학원에는 새로운 경제 분야의 학과가 연이어 개설되었고 MBA(master of business administration : 경영학 석사)는 성공하는 길로 들어서는 입장권이었다. 사회 전체가 탐욕에 젖어 세속적인 즐거움만을 추구했던 시기였다.

마침내 1987년 10월 '검은 월요일(black monday : 1987년 10월 19일에 있었던 미국 주가의 대폭락)' 사태가 발생하면서 10여 년 동안 지속되었던 탐욕의 시대는 끝맺게 된다. 그동안 팽배하던 물질 만능주의의 열기는 수그러들었고 "탐욕은 좋은 것이다."라고 외쳐대던 사람들의 입지는 좁아졌다. 대중 사이에서는 탐욕을 견제하는 자성의 소리가 높아갔다. 그동안 매우 높아지던 탐욕의 이미지는 다시 나락으로 곤두박질치게 되었다. 그러나 반드시 그렇게 극단으로 흐를 필요까지는 없었다. 탐욕은 철저하게 나쁜 것이 아니기 때문이다. 지나치게 추구하지만 않는다면 탐욕은 사실 기쁨의 원천일 수도 있는 것이다.

 **불안의 공습**

앞에서 설명했듯이 탐욕이 바탕이 된 토대는 생존 본능이다. 살고자 하는 욕구에서 잉태된 탐욕은 삶다운 삶을 살고자 하는 욕구로 성장했다. 바로 그 점 때문에 모든 사람들이 정도의 차이는 있을지언정 탐욕스럽게 살아간다고 말할 수 있는 것이다. 문제는 언제나 도에 지나친 탐욕이다. 부에 대한 지나친 집착은 여러 가지 부작용을 낳는데, 그 가운데 하나가 끝없는 불안 상태다.

부유한 사람들의 집은 대부분 복잡하고 정교한 도난 경보 장치와 관리 감독 시스템으로 요새화되어 있다. 미적 감각이 돋보이는 담장은 사실상 최첨단 기술을 갖춘 방벽이다. 특히 동유럽 등지의 신흥 부호의 집 주변은 과학 장치 외에도 중무장한 경비원들에 둘러싸여 있다. 방탄유리로 안전을 추구한 그들의 차량에는 중무기까지 장치되어 있을 정도다. 그 모든 장치들은 물리적 위험에 대한 불안감을 해소시키려는 대응으로 비정상적인 행태라고까지는 말할 수 없다.

그러나 무엇으로도 해소할 수 없는 또 다른 불안 유형이 있다. 탐욕 덕분에 상당한 부의 단계까지 이른 사람들은 그 아래 단계에 있는 사람들이 도저히 이해할 수 없는 정신적인 불안에 시달려야 했다. 바로 말하자면 그 불안 상태는 자신이 이룬 부를 지켜야 한다는 강박과 그 부가 무너질지도 모른다는 걱정에서 비롯한다. 탐욕스러운 사람들은 자신이 이룬 부를 지키려는 욕구 또한 강하기 마련이다. 따라서 앞날에 닥쳐올지도 모르는 경제적인 재난을 늘 걱정하며 살아야 한다. 경쟁자의 존재 또한 불안을 일으키는 요소다. 경쟁자의 추격을 피해 한 단계 위로 올라서 봐야 마음의 평정을 찾기는커녕 그만큼 더 큰 불안에 사로잡히게 된다. 결국 탐욕을 버리지 않는 한 불안 상태에서 영원히 헤어 나오지 못하는 것이다.

 탐욕의 심리학

인간은 철저하게 환경의 지배를 받는다. 그리고 세상의 자원은 한정되어 있다. 따라서 선사 시대 이래로 생존은 곧 경쟁이었다. 경쟁에서 우위를 차지하기 위해서는 약탈하는 본능을 개발하고 활용해야 했다. 결국 약탈 본능을 적절히 개발한 개인이나 집단은 그렇지 못한 사람을 지배하게 됨으로써 살아남을 확률을 더욱 높일 수 있었다. 그것이 바로 진화의 실체다.

채집자는 만족을 아는 존재였던 반면 약탈자는 탐욕스러운 존재였다. 약탈자는 충분과 만족을 몰랐다. 약탈자의 생존 방식은 승리

아니면 패배 즉, 제로섬 게임이었던 것이다.

인간은 누구나 내면적으로 공격성을 지닌다는 것은 지그문트 프로이트Sigmund Freud의 의견이다. 프로이트는 사회화된 공격성의 한 가지 형태가 바로 탐욕이며 얻고자 하는 욕구는 존경받고자 하는 욕구와 긴밀한 연관을 가지고 있다는 사실을 지적했다. 프로이트는 특히 부에 대한 탐욕은 인간의 정신 체계에 부정적인 영향을 끼친다고 주장했다. 그런 종류의 탐욕은 제로섬 게임의 모습으로 전개되기에 그 당사자는 최소한 잠재의식 속에서나마 죄의식을 느낀다는 것이다. 그 죄의식이 올바르게 승화되어 돈에 대한 집착에서 벗어나거나 최소한 부에 대한 책임 의식으로 이어진다면 더할 나위 없이 바람직한 일이겠지만 일단 탐욕에 사로잡힌 사람들에게 그런 현상이 일어나기를 기대하기는 어려운 일이다.

오히려 정반대로 그 죄의식이 발산되는 경우가 대부분이다. 즉, 잠재적이든 의식적이든 부를 이룬 데 대한 죄의식을 느끼게 되면 탐욕스러운 사람들은 오히려 더욱 큰 부를 추구하고 아울러 그 부를 과시함으로써 죄의식을 떨쳐 버리려 한다는 것이다. 그것이 바로 '반응 전형'이라는 심리 작용으로 판단력 있는 대중이 갑자기 우매한 폭도로 변하는 현상 또한 그 작용으로써 설명할 수 있다.

한편 오스트리아의 심리학자인 하인츠 코훗Heinz Kohut은 탐욕이 어린 시절의 경험과 뗄 수 없는 관계라고 주장했다. 어린 시절에 충분한 관심과 사랑을 받지 못한 것에 대한 보상 심리의 일종이라는 것이다. 그러나 탐욕스럽기로는 둘째가라면 서러워할 많은 사람들이 아주 행복하고 만족스러운 어린 시절을 보냈다는 사실을 감안할 때 그 주장을 전부 수용하기는 힘들다. 또한 코홋의 이론으로는 탐욕이 지니고 있는 전염성을 설명하기가 힘들다. 인간은 사회의 구성원으로서 시대의 흐름에 부응해 어느 게임에서든 뒤처지지 않으려 하며 탐욕의 경우에 있어서도 예외가 아니다.

 만족에는 한계가 없다

프로이트는 "만족에는 만족이 없다."라고 말했다. 대부분의 사람은 만족을 모르고 살아간다. 채워지지 않는 욕구는 언제나 인간의 가슴 깊은 곳에서 은밀하게 꿈틀거리고 있다. 그런 상태에서 지속적인 행복을 느끼기란 어려운 일이다. 1950년대 미국의 심리학자인 에이브러햄 매슬로Abraham Maslow는 우리가 삶에서 만족을 얻지 못하는 이유를 설명하기 위하여 '욕구 5단계' 이론을 세웠다. 매슬로의 이론에 따르면 인간의 욕구는 타고난 것이며 하위 단계에서 상위 단계로 배열되어 하위 단계가 충족되면 다음 단계의 욕구가 발생한다고 한다.

1단계 욕구는 생리적 욕구로 먹고 자는 등의 최하위 단계의 욕구며, 2단계 욕구는 안전에 대한 욕구로 추위·질병·위험 등에서 자신을 보호하는 욕구다. 3단계 욕구는 애정과 소속에 대한 욕구로 어떤 단체에 소속되어 애정을 주고받는 욕구며, 4단계 욕구는 자기 존중의 욕구로 소속된 단체의 구성원으로 명예나 권력을 누리려는 욕구다. 마지막으로 5단계 욕구는 자아실현의 욕구로 자신의 재능과 잠재력을 발휘해 자신이 이룰 수 있는 모든 것을 성취하려는 최고 수준의 욕구다.

매슬로는 탐욕에 관해서는 특별히 언급하지 않았지만 대부분의 인간이 한 단계에 오르자마자 다음 단계로 오를 방법을 모색한다는 주장을 통해 그 역시 탐욕과 연관된 과시적 경쟁을 염두에 두고 있었다는 사실을 알 수 있다.

프로이트와 롬 하레Rom Harre를 비롯한 많은 심리학자들은 특히 존경받고자 하는 욕구를 중요하게 여겼다. 존경은 결국 인정받고자 하는 개념이고 군중 사이에서 뛰어나 보이고자 하는 욕구다. 대부분의 사람들은 보다 행복한 삶을 위해 열심히 일한다. 그리고 그런 사람들은 대개 존경을 받기 마련이다. 그러나 일반적으로 행복해지기 위한 요소들을 꼽으라고 하면 승진과 높은 연봉, 커다란 저택과 같은 다분히 세속적인 조건들을 우선적으로 말한다. 그 조건들은 다른 사람과 비교하는 데에 근거를 두고 있다. 비교란 곧 경쟁이며 따라서 만족과는 거리가 멀다. 결국 존경받고자 하는 욕구 역시 탐욕과 긴밀한 연관을 지니고 있다는 주장이다.

이상의 내용은 특히 서구 물질문명 사회에서 인간의 경제 활동을 이끄는 동기에 관한 지극히 고전적인 분석이다. 그렇다면 동기는 탐욕과 같은 작용을 하는 것일까? 다시 말해 탐욕은 극단적이고 왜곡된 동기인가? 그러나 일반적으로 동기와 탐욕은 동일시되지 않는다. 특히 자신, 혹은 자신과 가까운 사람들을 위해 보다 효율적인 경제 활동을 하고자 하는 욕구는 탐욕이 아니라는 것이 일반적인 견해다.

 탐욕의 정의

탐욕은 사전적인 정의를 내리기 힘든 모호한 개념이다. 어쩌면 다양한 분야에서 다양한 단계의 분석을 통해서만 접근할 수 있는 개념일지도 모른다.

보통 우리는 직관을 통해 탐욕을 인지한다. 무엇보다도 분명한 사실은 탐욕스럽다는 비난은 늘 다른 사람의 몫이라는 것이다. 자신을 탐욕스러운 존재로 판단하는 사람은 찾아보기 힘들다. 다시 말해 우리는 눈에 거슬리는 다른 사람의 욕심스러운 행태를 탐욕이라고 생각한다. 여기서 우리는 탐욕의 정의에 관해 한 가지 결론을 얻을 수 있다.

탐욕은 자원(오늘날에 있어서는 대개 금전적인)에 대한 욕구, 혹은 굶주림이되 문화적·사회적 기준의 허용 한도를 넘어서는 것이다. 그러나 사회와 문화는 시간의 흐름에 따라 변화하는 유기체며 따라서 그 기준도 변화하게 된다. 여기에 정의라는 개념을 첨가하면 기준을 확립하는 데에 어느 정도 도움이 될 수는 있을 것이다. 그러나 정의를 포함한 모든 도덕률 또한 영원히 변하지 않는 것이 아니다. 결국 탐욕에 대한 판단 기준은 상대적일 수밖에 없다. 예를 들어 상당한 규모의 사업을 일구어 낸 사람은 어떤 사람들에게는 참다운 기업인으로 인식되지만 또 다른 사람들에게는 탐욕의 화신으로 비쳐질 수도 있다.

탐욕에 관한 판단은 또한 소급적인 성질을 지니고 있다. 지난주에 투자자들에게 엄청난 수익을 약속했던 성실한 기업인이 주가가 폭락한 오늘에는 탐욕으로 가득 찬 사기꾼으로 전락하게 된다. 1720년대 남해회사의 주식을 선전하고 판매했던 존 블런트John Blunt와 존 로우John Low를 비롯한 주식 중개인들을 향한 투자자들의 태도 변화는 그 사실을 입증하는 좋은 예라고 할 수 있다.

여기서 미국의 거대 기업인 버크셔 헤더웨이Berkshire Hathaway의 회장인 워렌 버핏Warren Buffett의 견해를 들어보자. 세계 최대 갑부지만 지나치게 검소한 생활로 유명한 버핏은 탐욕을 혐오하며 특히 회사는 부실하게 운영하면서도 고액의 연봉을 챙기기에 급급한 일부 기업 총수들을 거침없이 비난하기로 유명하다. 버핏은 경영 부실로 인해 생긴 상당한 손실을 대규모 인원 삭감으로 보충하려고 하는 CEO가 천문학적 액수의 봉급을 받는 것은 옳지 않다고 주장한다. 선량하고 정직하며 능력 있는 사람만이 보상을 받을 정당한 자격이 있으며, 부정직하고 태만하며 무능한 사람은 그에 따른 징계를 받아야 마땅하다고 여기는 것이다. 만약 부정직하고 무능한 사람이 많아진다면 인류는 결국 멸망하게 되어 진화의 역사는 다시 쓰이게 될 것이라고 버핏은 경고한다.

결국 우리가 탐욕에 관해 내릴 수 있는 정의는 결코 객관적이거나 과학적일 수 없다. 게다가 탐욕 혹은 탐욕스러운 행위를 규정할 수 있는 정확한 기준이나 제어 장치는 존재하지 않는다. 버핏의 비난의 대상이 된 CEO들이 고액의 연봉을 받는 순간 적색등이 켜지며 경보음이 울리게 만들 수는 없지 않겠는가.

그렇다면 탐욕이 결국 나쁜 것이라고 결론지어야 하는가? 그렇다면 그 결론을 뒷받침할 합리적인 근거는 있는가? 물론 탐욕이 인간의 생존에 필수적인 요소며 오늘날 우리가 누리고 있는 물질문명에 상당한 기여를 해 온 것은 사실이다. 그러나 아무리 그냥 넘어가려고 해도 오랜 인류의 역사에서 탐욕 때문에 파멸에 이른 수많은 사람들의 존재는 탐욕의 이미지를 한층 어둡게 만든다.

탐욕이란 좁은 호리병 속에서 풀려난 '지니'와도 같다. 가질 수 없거나 갖지 말아야 할 것을 갖게 만드는 능력이 있기 때문이다. 물론 그러기 위해서는 상당한 대가를 치러야 한다. 우선 세상 사람들의 비난을 각오해야 한다. 그로 인한 인간적 고뇌를 감수해야 되는 것은 물론이고 불안과 공포에 시달려야 한다. 탐욕이라는 기차의 종착지는 결국 불행과 파멸이기 때문이다.

다시 한번 강조하지만 중용의 도를 늘 염두에 두고 욕구의 수위를 적절히 조절하기란 쉽지 않다. 연봉 협상에서 자신의 제안을 탐욕이라고 몰아붙이는 고용주의 비난을 인정할 고용자는 없다. 정도의 차이일 뿐, 누구나 탐욕스러우면서도 탐욕스럽다는 비난을 듣는 것을 꺼려한다. 자신의 욕구는 나름대로 합당한 것이기에 탐욕은 늘 다른 사람의 몫이다. 따라서 일단 자신을 포함한 모든 사람들의 일상에 탐욕이 어떤 식으로든 영향을 미치고 있다는 사실을 인정하는 것이 중요하다. 그때서야 비로소 우리는 탐욕의 손아귀에서 빠져나올 수 있을 것이다.

3장
음식에 대한 끝없는 탐욕

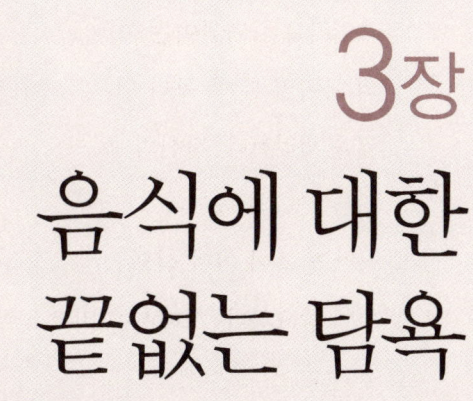

 비만

　미 국립 심폐혈액연구소의 1998년도 발표에 따르자면 미국 사람들이 가장 두려워하는 질병은 비만이다. 현재 미국 전체 성인의 55퍼센트가 과체중이고 3분의 1은 만성 비만에 시달리고 있다.

　비만의 원인은 무엇인가? 호르몬 분비 계통의 결함 때문에 섭취한 음식이 제대로 소비되지 못하는 경우처럼 체질적인 원인을 제외하면 비만의 가장 큰 원인은 과식이다. 과식을 하면서 운동을 제대로 하지 않는다는 데에서 문제가 비롯된다. 또한 당이나 포화지방산을 지나치게 함유한 음식도 문제다.

　배불리 먹기 힘들었던 과거에는 음식의 질보다는 양이 중요했다. 사냥감은 언제나 부족했고 잡힌 동물은 그 즉시 동나곤 했다. 한 지역의 동물이나 물고기를 다 잡아먹은 뒤에는 다른 지역으로 먹을 것을 찾아 떠나야 했다.

　하지만 농경 기술이 보급되고 나서부터 사람들은 직접 곡식을 심고 수확할 수 있게 되었다. 이후 사람들은 다른 사람들을 부려 농사라는 힘든 일에서 벗어나고 싶어 했다. 인간 사회에 계급이 생겨난 까닭이 바로 여기에 있다. 더 이상 세상은 사람들이 둘러앉아 사냥해 온 음식을 함께 즐기는 곳이 아니다. 음식을 마련하는 사람과 그들의 시중을 받는 사람 사이의 구분이 생긴 것이다. 그러나 그 시대에도 음식의 문제는 여전히 질보다는 양이었다.

 비만에 대한 시선

뚱뚱한 사람들에 대한 세상의 인식 변화는 사뭇 흥미롭다. 역사적으로 볼 때 비만이 항상 비난과 멸시의 대상이었던 것은 아니었다. 고대 이집트의 어느 왕은 '배불뚝이'라는 애칭을 즐겼다고 한다. 셰익스피어Shakespeare 희곡에 나오는 뚱보 존 팔스타프 경은 다른 등장인물의 조롱을 받기는 했지만 그 조롱은 오히려 유희에 가까운 것이다.

한편 뚱뚱한 외모는 높은 신분을 상징하기도 했다. 뚱뚱하다는 것은 기름진 음식을 충분히 먹을 수 있다는 표시인 것이다. 중세 유럽 영주의 만찬 식탁에 오르는 음식은 그 종류를 헤아릴 수 없을 정도였다. 12세기 영국의 헨리 1세Henry I는 칠성장어를 너무 많이 먹은 탓에 사망했다는 이야기가 있다. 그러나 당시 헨리 1세의 죽음을 폭식가에 대한 하늘의 징벌로 생각하는 사람은 없었다. 프랑스의 루이 14Louis XIV세는 자신의 결혼 피로연에서 너무 많은 음식을 먹어 일어서지도 못했다고 한다. 제정 러시아의 피터 대제Pyotr I 또한 엄청난 식욕의 소유자였다. 그러나 피터 대제는 뚱뚱하지 않았다. 워낙에 운동을 좋아했으며 또 먹은 음식을 자주 토해내서 몸매를 유지했던 것이다. 피터 대제의 궁전에는 음식을 게워 내는 장소가 여러 군데 있었다.

19세기에 이르자 비만을 바라보는 시각에 큰 변화가 일어났다. 과식은 지각없음과 교양 없음으로 생각되었고 뚱뚱한 남자는 혐오의 대상으로 전락했다. 그 시기의 문학 작품에 등장하는 뚱뚱한 남자들은 하나같이 멍청하고 부족한 모습으로 그려져 있다.

여성의 경우에도 마찬가지였다. 풍만한 몸매의 여성이 자신 있게 굴곡을 드러내는 일은 18세기 회화에서나 가능한 옛이야기가 되어 버렸다. 날씬함을 선호하는 풍조는 더욱 가속화되어 20세기 후반에 이르러서는 뼈가 드러나는 깡마른 체형이 여성 몸매의 기준이 되었다. 그 기준에 맞추기 위해 살을 빼려는 여성들은 피나는 노력을 했고, 제약 회사는 여성들을 돕는다는 명분으로 수많은 종류의 살 빼는 약을 내놓았다. 그러나 대부분의 경우 그 약으로 인해 빠진 것은 여성들의 살이라기보다는 은행의 잔액이었다.

아름다운 몸매를 가꾸고자 하는 열기는 사회 전반에 상당한 파장을 일으켰다. 우선 출판계의 변화가 눈에 띈다. 건강한 삶과 식생활을 다룬 책들이 19세기 말부터 출간되었고 서적 진열대에서 그 책들이 차지하는 비중은 지금까지 지속적으로 늘어나고 있다. 몸매 관리 사업이 하나의 산업 부문으로 발전한 것도 두드러진 변화의 하나다. 특수한 음료와 저지방 식품을 시작으로 헬스클럽에 이르기까지 그 부문에서 기업 수준으로 사업을 일군 사례는 헤아릴 수 없을 만큼 많다. 이제는 날씬한 몸매를 지니고 유지하기 위해서는 금전적인 대가를 치러야 한다는 것이 상식이 되었다. 따라서 그 부문에서도 인간의 욕구와 연관된 과시적인 경쟁이 끝없이 전개되고 있다.

 패스트푸드

현대 문명사회를 살아가는 우리들은 여전히 많은 음식을 필요로 한다. 그러나 옛날처럼 느긋하게 식사를 즐길 시간이 없다. 그렇게 해서 패스트푸드와 인스턴트식품이 나오게 되었다. 많은 사람들에게 인스턴트식품은 일종의 축복이었다. 하루의 고된 일과 뒤에 피곤한 몸으로 식사를 준비하는 부담이 줄어들었기 때문이다. 하지만 패스트푸드와 인스턴트식품 모두 체내 콜레스테롤 수치를 높이고 비만하게 만드는 포화지방산을 다량 함유하고 있다.

현재 미국의 많은 패스트푸드 사업자들은 불안에 떨고 있다. 그들이 판매한 음식을 먹고 비만해지거나, 그로 인해 고통받고 있는 사람들이 단체로 법정 소송에 나설 것이 예견되기 때문이다. 그 사람들은 미국에 널린 패스트푸드 체인점이 자신들의 비만에 직접적인 책임이 있다고 주장한다. 그러나 패스트푸드가 비만으로 직결된다는 사실을 판매업자들이 미리 알고도 계속해서 무책임하게 음식을 팔았다는 내용을 입증하지 않는 한 그 사람들이 보상을 받아 내기는 어려울 것이다.

 비만과의 전쟁

지속적으로 행해진 20세기 후반의 연구 결과에 따르자면 비만은 단순히 건강하지 못한 상태가 아니라 건강의 절대적인 적이다. 뚱뚱한 사람들은 관절염에 걸릴 위험이 더 크고, 비만은 심장을 포함한 모든 근육에 계속해서 무리를 준다. 비흡연자들 가운데 암에 걸린 환자를 살펴보면 비만이 첫 번째 원인이다. 가장 끔찍한 사실은 비만이 당뇨병과 직접적인 연관이 있다는 것이다.

미국의 경우 학교에 들어가지 않은 아동의 10퍼센트가 비만이거나 심각한 과체중이라는 통계가 나왔다. 영국의 경우 전 국민의 20퍼센트가 비만이며 과체중의 비율은 50퍼센트를 넘어서고 있다. 그런 통계가 속속 발표되면서 사람들은 비만의 위험성에 눈을 떠가고 있다. 건강·의료 분야에서도 비만을 예방하고 치료하는 연구가 활발해지고 있으며 임상에 활용되고 있다.

비만을 벗어나는 방법은 간단하다. 폭식하는 습관을 버리고 더 많이 운동하면 된다. 그러나 그 간단한 방법을 실행에 옮기기란 쉬운 일이 아니다. 식욕을 억제하는 수많은 약이 시중에 나와 있는 것을 보면 먹고 싶어 하는 사람을 강제로 못 먹게 하기란 정말 힘든 일임을 알 수 있다.

 세계적인 문제

오늘날 우리는 두 개의 커다란 모순이 공존하는 세계를 살고 있다. 먹을 것이 없어서 굶주려 죽어가는 세계와 지나친 음식물 섭취로 죽어가는 세계가 그것이다. 그 두 가지 재앙이 인류 역사상 어느 때보다도 우리를 위협하고 있다.

중국이나 인도와 같은 나라에서도 비만이 사회적인 문제가 되기 시작했다. 중앙아시아의 우즈베키스탄에서는 어린아이의 비만율이 15퍼센트에 달하고 있다. 전체 인구의 절반 이상이 영양 결핍 상태에 있는 인도에서도 부유층의 비만이 커다란 문제가 되고 있다. 비만과 직접적인 관련이 있는 당뇨병 등의 질환이 인도에서 큰 문제로 대두될 날이 멀지 않았다. 인도 보건 당국은 영양 부족과 영양 과잉으로 인한 문제를 한번에 잡아야 하는 어려움에 맞닥뜨리고 있다. 과연 비만은 전 세계가 한 이웃이 되는 과정에서 우리가 치러야 할 값비싼 대가인 것일까?

4장
절대 권력은 절대적으로 부패한다

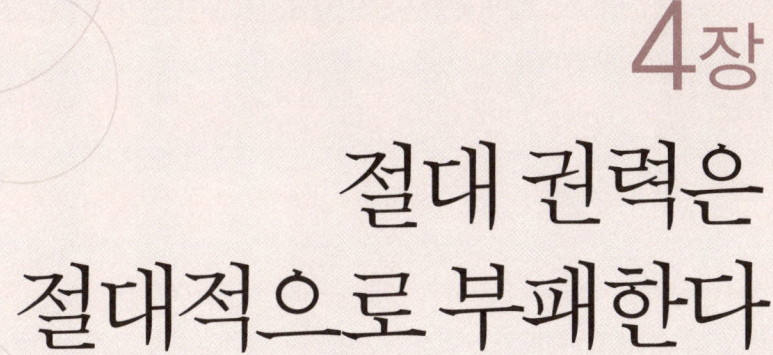

투르크메니스탄의 독재자

투르크메니스탄은 중앙아시아에 자리 잡고 있는 나라로 영토의 대부분이 사막 지역이다. 남쪽에는 이란과 아프가니스탄이 있고, 북쪽에는 우즈베키스탄과 카자흐스탄이 있다. 투르크메니스탄은 구 소련의 위성 국가였다. 구 소련이 붕괴되고 난 뒤 공산당 당수였던 사파르무라트 니야조프 Saparmurat Niyazov가 대통령이 되었다. 니야조프는 대통령에 당선된 뒤 자신을 '투르크멘바시(모든 투르크메니스탄 사람들의 아버지)'라고 부르게 했다. 그러고 나서 철저한 세뇌 작업을 통해 자신을 우상화하기 시작했다.

자신을 찬양하는 내용으로 가득 찬 니야조프의 자서전은 학교의 정식 교과서로 채택되었고, 대학에 진학하기 위해서는 그 내용을 철저하게 암기해야 했다. '인생 교과서' 혹은 '영적 횃불' 등 거창한 별칭을 가진 니야조프의 《루크나메》 전집 역시 투르크메니스탄 국민들의 필독서였다. 그 책들을 통해 니야조프는 자신의 시각으로 현재와 과거를 해석했다.

투르크메니스탄에서는 그의 가르침에 회의를 품거나 그의 전력을 문제 삼는 행위는 용납되지 않았다. 구 소련 시절 괴뢰 정부를 이끌며 사회 전체를 '소련식'으로 개조하고 그 방식을 강요했던 충실한 소련 공산당의 하수인 니야조프의 과거는 언급해서도, 기억해서도 안 되었다. 구 소련이 붕괴되자 니야조프는 태도를 바꿔 사회 전체가 다시 투르크메니스탄 본래 그대로의 모습으로 돌아갈 것을 강하게 주장했다. 소련식으로 훈련된 무용수들을 거느린 발레 협회를 비롯해 식민지 시절의 잔재를 간직한 문화 조직을 해체하는 등, 소련의 색채를 지우기 위한 노력도 뒤따랐다.

니야조프는 막강한 권력을 휘둘렀다. 투르크메니스탄의 집권 정당은 공산 정권을 고스란히 승계한 실체와는 걸맞지 않게 민주당이라는 이름을 가지고 있다. 물론 연합 조직의 성격을 띤 정당 하나가 야당의 구실을 하고 있지만 그것은 민주주의 복수 정당 제도의 격식을 갖추기 위해 꾸며진 허깨비 조직에 불과했다. 국민의 자유를 억압하고 제한하는 통치에 대해 니야조프는 '변형된 민주주의'라는 명분을 내세우고 있다. 니야조프의 이야기를 빌면 자신이 이끌고 있는 대내외 정책은 모두가 국민 대다수의 지지를 얻고 있다고 한다. 아울러 자신의 위대함을 시기한 나머지 늘 모반을 계획하고 있는 극소수의 반대 세력을 바른 길로 인도하려는 통치 행위가 어떻게 반민주적일 수 있느냐고 되묻는다. 니야조프의 심복들은 '아시아적 민주주의'라는 명분을 들먹이며 니야조프의 독재를 옹호하고 있다.

투르크메니스탄에서는 어디를 가든 니야조프를 만날 수 있다.

가장 척박한 사막 지역의 외진 마을에도 그의 동상이 세워져 있기 때문이다. 수도인 아쉬가바트에는 실물보다 몇 배나 크게 금으로 만든 니야조프의 동상이 중립국 선언 기념문 위에 세워져 있다. 특이한 것은 그 동상이 회전한다는 사실인데, 그것은 위대한 지도자의 얼굴이 태양을 등지는 일이 없도록 하기 위해서라고 한다.

투르크메니스탄의 지폐에는 니야조프의 얼굴이 인쇄되어 있다. 텔레비전을 켜면 화면 한 구석에 그의 영상이 아예 판박이 그림처럼 새겨져 지워지지 않던 시절도 있었다. 요즘도 텔레비전 뉴스는 니야조프의 일상을 세세히 보도하고 있다. 거의 대부분의 식당과 회사, 대중교통 수단에는 니야조프의 사진이 걸려 있다. 니야조프의 동상과 사진이 있는 곳에는 다음과 같은 표어도 꼭 따라다닌다.

"민족, 국가, 투르크멘바시."

투르크메니스탄의 가장 큰 항구의 이름도 투르크멘바시로 바뀐 지 오래다. 사막 지역에 떨어진 커다란 유성에도 그의 이름이 붙여졌다. 어느 텔레비전 방송국 이름은 '투르크멘바시의 시대'라고 한다.

만찬 석상에서 다른 사람들에게 좋은 인상을 주고 싶다면 투르크메니스탄에서 가장 유명한 '투르크멘바시 로션'을 바르면 된다. 잠자리에 들기 전, 가볍게 한잔 하고 싶을 때는 니야조프가 가장 즐기는 '투르크멘바시 보드카' 한 잔이 제격이다.

투르크멘바시의 우상화 작업은 정도를 더해 언어와 시간의 영역까지 확산되고 있다. 니야조프는 일 년 열두 달과 각 요일의 이름을 고쳤다. 자신의 생일이 들어 있는 달은 투르크멘바시다. 9월은 니야조프의 작품집 이름을 따라 개칭됐다. 물론 공공연하게는 아니지만 얼마 지나지 않아 투르크메니스탄의 어휘집에는 오직 한 단어, 투르크멘바시만 남게 될 것이라는 우스갯소리가 떠돌고 있다.

 니야조프의 이중성

투르크메니스탄은 전형적인 이슬람 국가다. 그러나 '종교를 향한 보다 편안한 자세'라는 명분으로 어느 정도의 음주는 허용되고 있다. 그러나 니야조프는 성에 관한 한 상당히 보수적이다. 투르크메니스탄에서 대부분의 러시아 방송은 방영할 수 없다. 지나치게 선정적이고 폭력적이라는 이유에서다. 물론 이따금씩 니야조프에 대한 비판이 등장한다는 것도 큰 이유다.

권좌에 오른 뒤 니야조프는 평범한 이슬람 교도의 자세를 취해 국민들의 지지를 유도했다. 식민지 시절 대부분 폐쇄되었던 이슬람 사원과 신학교가 다시 문을 열었고 새로운 건물이 세워졌다. 니야조프는 성지 메카 순례에도 참여했다. 메카에서 열린 기념식에서 그는 아쉬가바트의 가장 큰 이슬람 사원의 돔을 금으로 입히겠다는 약속을 했고 그 약속은 곧 이행되었다. 니야조프의 봉헌에 대한 보답으로 모든 이슬람 예배 때마다 그의 이름이 축원의 대상으로 등장하게 되었다. 그러나 공산 정권 이후의 투르크메니스탄은 결코 종교의 자유가 허용된 곳이 아니다. 국가가 인정하는 종교는 수니파 이슬람교와 러시아 정교뿐이다. 그 밖의 모든 종교는 금지되어 있다.

니야조프는 겸손한 이미지를 갖추기 위해 많은 노력을 한다. 한때 니야조프는 자신을 종신 대통령으로 선출하지 말아 달라는 탄원을 의회에 제출했다. 언젠가는 기자 회견을 자청해 다음과 같은 취지의 연설을 한 적도 있다.

"요즘 방송은 재미가 부족하다. 본인에 관한 긍정적인 내용만 지나치게 보도하는 것 같은데 앞으로는 비판도 해 주길 바란다. 그리고 화면 한 구석에 넣은 내 사진은 그만 빼도록 하라."

그 자리에서 니야조프는 음악계 인사들에게 "거의 모든 노래가 투르크멘바시를 주제로 삼고 있으니 낯 뜨겁다. 앞으로는 자제해 달라."라고 호소하기도 했다. 그러나 그 안에 얼마나 진실이 들어 있을지는 모르는 일이다. 그 연설의 마지막에 니야조프는 기상청 책임자의 월급을 반으로 삭감한다고 발표했다. 일기 예보를 제대로 하지 못했기 때문이었다고 한다. 그에 관해서는 갑자기 내린 소나기에 미처 우산을 준비하지 못한 니야조프가 비에 젖은 적이 있었기 때문이라는 뒷소문이 돌았다.

 권력에 대한 끝없는 탐욕

투르크메니스탄은 부유한 나라다. 영토의 대부분이 사막이지만 광물 자원은 물론 석유와 천연 가스의 매장량이 엄청나고 특히 암염이 풍부하다. 서유럽과 중국, 그리고 인도양 연안의 국가에 이르기까지 송유관을 잇는 엄청난 공사가 현재 진행 중이므로 경제에 관한 한 투르크메니스탄의 미래는 밝다. 구 소련에서 독립할 즈음 니야조프는 투르크메니스탄을 또 다른 쿠웨이트로 만들겠다는 공약을 했다. 10년 뒤에는 모든 국민이 집과 차를 갖게 될 것이라는 호언장담도 덧붙였다. 그러나 현재 국민들의 생활수준은 1980년대보다 오히려 낮다. 기름 값은 싸지만 차를 소유하고 있는 사람들은 오직 니야조프의 측근들뿐이다.

그렇다면 검은 황금 즉, 석유를 통해 거두어들이고 있는 부는 어디로 가는 것일까? 그중의 일부는 금제 동상, 중립국 선언 기념관, 곳곳에 있는 대통령 궁의 금장 첨탑 등 니야조프의 우상화를 위한 여러 계획에 낭비되고 있다. 한편 아쉬가바트를 찾는 외국 사람들은 숙소를 정할 때 한참을 망설여야 한다. 세계 최고 수준의 화려한 호텔이 즐비하기 때문이다. 호텔을 잇는 전용 도로까지 마련되어 있을 정도다. 그러나 투숙객의 숫자는 형편없이 적다. 어떤 사람은 아쉬가바트의 호텔가를 '스탈린 지배하의 라스베가스' 같다고 묘사하기도 했다.

투르크메니스탄에서 니야조프에게 반대하는 의사를 공공연히 밝히는 재야인사는 거의 찾아볼 수 없다. 그러나 결정적인 위협은 오히려 니야조프 측근들 사이에 잠재해 있다. 니야조프에게 사람을 끌어당기는 매력이 있는 것은 사실이다. 그리고 니야조프의 주위에는 충성을 맹세하는 추종자들이 늘 득시글거린다. 그들을 다루는 니야조프의 원칙은 필요할 때마다 패를 다시 섞는 카지노 딜러의 기술과 흡사하다. 누구도 지나친 권력이나 이권을 챙기는 일이 없도록 니야조프는 측근 관리에 늘 만전을 기한다. 그러나 빈틈은 있는 법, 얼마 전 니야조프는 가까운 측근 가운데 한 사람을 전격적으로 경질했다. 니야조프의 개인 금고에서 수백만 달러가 사라진 직후였다.

일의 중요도와 상관없이 니야조프의 비위를 거스르는 사람은 즉각 사라지고 만다. 보리스 쉬크무라도프Boris Shikmuradov는 여러 해 동안 니야조프 아래서 2인자의 자리를 지켜 왔다. 그랬던 그가 업무상 과실과 횡령 혐의를 받고 갑자기 경질되었다. 2인자의 자리에서 나락으로 떨어진 뒤 보리스는 러시아로 가서 니야조프에 대항하는 세력에 합류했다. 2002년 후반에 쉬크무라도프는 다시 고국으로 돌아왔다. 하지만 그것은 중대한 과오였다. 쉬크무라도프의 귀국 직후 니야조프를 겨냥한 지극히 서툰 암살극이 일어났다. 사건의 배후는 당연히 쉬크무라도프로 지목되었다. 국부 살해와 정부 전복 음모를 주도한 쉬크무라도프의 재판 과정은 텔레비전으로 생중계되었다. 재판부의 판결은 보석 없는 종신형이었다. 쉬크무라도프의 사형을 요구하는 시위와 탄원이 끝없이 이어졌다. 그러나 투르크멘바시는 자비로웠다.

이후 사실 여부를 떠나 음모에 관련된 정보만 입수하면 앞 다투어 당국에 신고하는 풍토가 조성되었다. 쉬크무라도프 사건은 많은 의구점을 남긴 채 그렇게 끝이 났다. 쉬크무라도프가 교묘한 덫에 걸려들었을지도 모를 일이다. 어쨌든 니야조프는 자신에게 가장 위협적인 존재를 성공적으로 제거한 셈이 되었다. 과연 그것이 니야조프가 파 놓은 함정이었는지 아무도 장담할 수는 없다. 다만 니야조프가 음모라는 죄명을 씌워 수많은 정적과 심지어 그들의 친척들까지 제거했던 것은 사실이다.

이제 니야조프의 나이는 60대 중반에 접어들었다. 니야조프에게는 두 딸이 있다. 하지만 두 딸에 관해 공식적으로 밝혀진 것은 그리 많지 않다. 그동안 니야조프는 후계자를 양성하는 데 별다른 노력을 기울이지 않았다. 오히려 그런 생각을 싫어하는 것 같아 보이기까지 했다. 쉬크무라도프는 니야조프에게 실망만을 안겨 준 채 결국 역사의 뒤안길로 사라졌고 쉬크무라도프 이전의 2인자들의 운명 또한 마찬가지였다. 현재 니야조프는 '종신 대통령'이지만 2010년쯤에 권좌에서 물러날 것이라는 계획을 종종 내비치고 있다. 물론 거기에는 '자신을 사랑하는 국민들이 허락해 준다면'이라는 단서가 붙어 있다.

니야조프는 욕심 많은 인물이다. 그는 세상 사람들의 찬사와 존경에 늘 집착한다. 심리학적으로 풀자면 니야조프는 자아도취적이라고 할 수 있다. 자기 자신에 관한 노래를 듣고 '낯 뜨거움'을 느낀다고 말했던 것이 진심이라면 그것은 니야조프가 나르시시스트라는 증거가 된다. 자기애의 이면에는 언제나 자기혐오가 자리 잡고 있기 때문이다. 니야조프가 재물에 대한 탐욕도 상당하다는 것은 잘 알려져 있는 사실이지만 그렇다고 니야조프의 최대 관심사가 부의 축적이라는 얘기는 아니다. 그러나 부란 권력의 부산물이다. 그리고 그것을 마다할 권력자는 없다.

니야조프는 권력에 대한 탐욕이 엄청난 인물이다. 니야조프가 원하는 권력은 전통적인 아버지의 권위도 아니요, 사회 전반에 미치는 단순한 영향력의 행사도 아니다. 니야조프는 절대적 권력 그 자체를 원한다. 첨탑의 꼭대기에서 투르크메니스탄의 수도를 굽어보며 태양을 따라 회전하는 그의 동상은 단순한 상징이 아니다. 열과 빛이 태양에서 뿜어져 나오듯 모든 권력은 오로지 니야조프를 통해 이루어져야 하는 것을 상징한다. 투르크메니스탄에서는 아무리 사소한 일일지라도 니야조프의 축복 없이는 이루어지지 않는다. 정부 각료와 공무원은 니야조프의 명령에 의해서만 움직이는 충실한 심부름꾼에 지나지 않는다. 업무를 수행하는 그들의 능력과 권능은 니야조프에게 위임받은 것일 뿐이다. 그러나 니야조프는 시기와 의심이 많은 사람이다. 따라서 그의 신하들은 누구도 지나친 권력을 누리지 못하며 또 알량하나마 그 권력을 오랫동안 누리지도 못한다.

권력을 휘두른다는 것은 제로섬 게임이다. 한 사람에게 권력이 집중될수록 다른 사람의 입지는 좁아진다. 그 부분에서 타협의 여지는 존재하지 않는다.

니야조프의 주변에서 일어나고 있는 일은 결코 새로운 현상이 아니다. 이와 흡사한 양상으로 경영되는 대기업을 서구 사회에서도 어렵지 않게 찾아볼 수 있다. 영국 역사가 액튼Acton 경은 "권력은 부패하기 쉬우며 절대 권력은 절대적으로 부패한다."라고 주장했다. 그러나 정치와 비즈니스를 비롯해 인간의 모든 활동 영역에는 반드시 권력이 개입한다. 권력이란 일을 이루어지게 만드는 능력이다. 사명감을 느끼며 그 실현을 꾀하는 경우에는 갈수록 더 많은 권력을 원하게 된다. 욕심은 만족을 모르기 때문이다. 아울러 그 보상도 엄청나다. 세상 사람들의 눈에는 보잘것없는 계획이든 혹은 정신 나간 백일몽이든 간에 권력이 커지면 커질수록 비난의 소리를 잠재울 수 있는 능력이 그만큼 커지는 것이다. 권력이 없거나 충분하지 않을 때는 아무리 엄청난 노력을 기울인다 해도 회사나 국가의 금고에 접근하기는 어렵다. 그러나 일단 권력을 잡고 나면 어느 때든 금고에 손을 집어넣는다 한들 누가 감히 막을 수 있겠는가?

5장

탐욕과 투기로 얼룩진 월스트리트

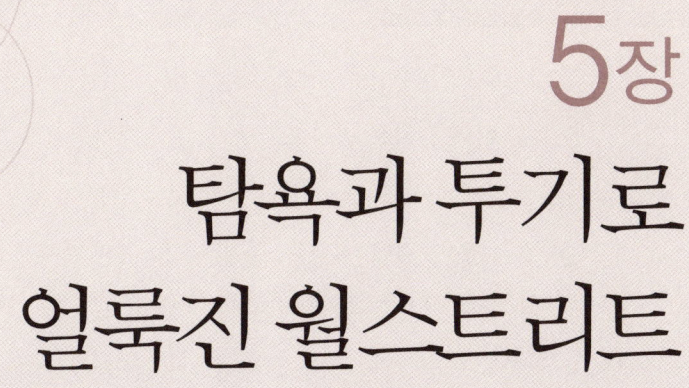

기회는 도둑을 낳는다

　1980년대 초반은 강하지 않으면 아무것도 되는 일이 없었던 시기였다. 감상은 패배자의 사치였고 점심 식사를 꼬박 챙겨 먹는 것은 시대의 흐름을 따라가지 못하는 사람들이나 하는 짓이었다. 성공, 그것도 돈으로 계산될 수 있는 성공만이 중요했다. 물질적으로 측량할 수 없는 가치에 한눈을 판다는 것은 단순한 시간 낭비이자 성공의 길을 막는 장애물이었다. 그즈음 쇼 프로그램을 주름잡았던 연예인은 마돈나Madonna였다. 마돈나는 물질 만능의 세계에 사는 '물질적인 소녀'였다.
　그 당시 미국에서 극단적인 물질주의가 팽배했던 것은 세계 무대에서 미국의 위상이 급격히 떨어진 시대 상황과 긴밀한 연관을 갖는다. 1970년대에 미국은 베트남에서 철수했다. 수많은 젊은이의 붉은 피로 싸움터를 적시고도 얻은 것은 아무것도 없었다. 그런데 베트남 패전의 암울한 그늘이 채 가시기도 전에 미국의 체면을 형편없이 구겨 버리는 사태가 또다시 발생했다. 위기감이 높아진 이란에서 미국 대사관 요원을 무려 1년 이상 인질로 억류한 것이다. 떨어진 위상을 회복해 보려는 국민의 염원 때문인지 미국과 영국에서는 각각 로널드 레이건Ronald Reagan과 마거릿 대처Margaret Thatcher라는 강경 노선의 지도자가 등장했다. 그 두 지도자는 재임 기간 동안 국가 경제의 안정과 민족적 자부심 회복을 최우선으로 하는 대내외적 정책을 고수했다.

파란의 1970년대를 헤쳐 나가기 위해 미국 정부 당국에서 고심 끝에 마련한 대안은 금융·비즈니스 분야에 대한 규제 완화였다. 자유 기업 문화가 마음껏 꽃필 수 있는 풍토를 조성하자는 취지였다. 그 조치는 다음과 같은 논리적 토대를 지니고 있었다.

"도덕률에 지나치게 얽매이다 보면 추진력과 경쟁력이 뒤떨어지게 된다. 성공은 용감한 사람, 때로는 무모할 만큼 겁이 없는 사람의 몫이다. 도덕을 충실히 따랐던 우리는 지금 어디에서 헤매고 있는가? 옳고 그름의 문제는 복잡하게 생각할 필요가 없다. 우리가 어떤 일을 하게 되면 그 일이 정당한 것이 된다."

 인수 합병의 시대

요즈음 들어 미국의 사업계에는 공격적인 경영 전략이 두드러진다. 연이은 인수와 합병으로 재계의 판도는 늘 유동적이다. 거대 자본은 상대적으로 왜소한 경쟁자를 집어삼킨다. 그래도 당시의 기업

인수 분위기는 사뭇 신사적이었다. 간혹 언성이 높아지는 경우는 있었을지 몰라도 피 터지는 육박전은 발생하지 않았다.

그러나 1974년 그런 평화적인 분위기는 먹이 사냥과 같은 위협적인 분위기로 변했다. 단순히 동종 업계의 경쟁 회사를 인수해 덩치를 키우려는 것이 아니라 아무 분야에서나 만만한 대상을 골라 그 기반을 송두리째 먹어 치우는 무차별적 합병이었다. 이렇게 미국의 대기업들은 기형적인 성장 양태를 보이게 되었다.

정유 회사가 화학 계열의 회사를 인수하는 경우는 지극히 상식적일 수 있다. 그러나 시멘트 회사가 명품 소매 체인망을 인수하는 경우는 전혀 낯선 분야일지라도 일단 목표를 설정하면 거침없이 뛰어드는 미국 재계의 합병 관행을 단적으로 보여 주고 있다.

현재 가장 각광을 받고 있는 분야 가운데 하나는 M&A(mager & acquisition : 기업의 합병과 매수)다. 물론 그 분야가 새로운 것은 아니다. 많은 투자 금융 기관과 은행, 그리고 법률 회사가 자체적으로 M&A를 전담하는 분과를 개설한 것은 상당히 오래 전부터였다. 다만 과거에는 그 분야가 그다지 빛을 발하지 못했을 뿐이다. 그러나 공격적 인수 관행이 뿌리를 내리면서 상황은 달라졌다. 모건 스탠리 Morgan Stanley, 라자드 프레레 Lazard Freres 등과 같이 아예 M&A만을 전문으로 하는 투자 기관이 탄생한 것이다.

그런 회사가 성공을 거두거나 최소한 살아남으려면 언제나 최고의 금액을 제시할 준비가 되어 있어야 한다. 돈이 한꺼번에 몰리는 까닭이 바로 여기에 있다. 이런 시대 상황에 발맞춰 탐욕스럽고 냉철한 투자자들이 M&A분야에 꼬이기 시작했다.

뉴욕 퀸즈 출신 데니스 레빈Dennis Levine은 M&A분야에서 성공을 거두려는 열정에 불타는 젊은이였다. 하지만 아이비리그 출신이 아니라는 딱지 때문에 고전을 면치 못했다. 레빈이 졸업한 바루크 대학은 상당한 명문이지만 아이비리그는 아니었고, 아이비리그 출신이 아니고는 그 분야에서 살아남기 힘들었다.

그러나 레빈은 좌절감에 휩싸여 낙오되는 대신 구식 경영 체계를 유지하고 있던 작은 투자 회사에 입사했다. 가슴속에 끓어오르는 야욕을 다독이며 몇 년 동안 혼신을 바쳐 일한 결과 레빈은 드렉셀 번햄 램버트Drexel Burnham Lambert의 업무 이사로 특채되었다. 그 회사는 M&A 전문 투자 은행으로서 인정사정없는 경영 전략으로 평판이 나 있었다.

당시 레빈은 30대 초반이었다. 그는 젊은 나이에 엄청난 돈을 벌고 있었지만 결코 현재에 만족하지 않았다. 여섯 자리 숫자의 연봉에 한 자리를 보태고 싶었고 기사가 딸린 리무진을 원했다. 합법적인 방법으로 그 욕심을 모두 채우기란 불가능했지만 그의 지위나 평판을 이용해서 조금만 눈을 돌리면 얼마든지 방법을 찾을 수 있었다.

 기업 사냥꾼

　1980년대의 월스트리트는 마치 상어로 가득 찬 수족관과도 같았다. 약육강식의 법칙이 지배하는 인수 합병의 바다에 상어보다 훨씬 무서운 어종이 갑작스레 등장했다. 전문 차익 거래인들이 바로 그들이었다. 마땅한 인수 대상을 선별하는 비범한 안목을 갖춘 그들은 인수에 따른 차익을 노려 도박에 가까운 투기를 했다. 또한 경우에 따라서는 직접 인수 과정에 참여하기도 했다. 그 당시 미국의 거물급 CEO의 밤잠을 설치게 만든 사람 중 한 명이 바로 국제 기업 사냥꾼 이반 보에스키Ivan Boesky다.

　보에스키의 아버지는 디트로이트에서 대형 유대 음식 전문 식당을 경영했다. 그러나 그는 어린 보에스키에게 가업을 잇게 할 생각은 없었다. 어린 시절 이반의 인생 목표는 변호사가 되는 것이었다. 그러나 법률 학교를 졸업한 뒤 보에스키는 자신이 진정으로 원하는 것이 지방 도시 변호사의 유유자적한 삶이 아니라는 사실을 깨달았다. 보에스키는 화려한 삶을 원했다. 하지만 디트로이트라는 소도시에서는 그런 삶을 찾을 수 없었다. 보에스키는 밝은 불빛을 따라 뉴욕 월스트리트로 진출했고 거기서 차익 거래 회사를 창업했다.

　보에스키는 평범한 투기꾼이 아니었다. 그는 마이더스의 손을 가진 것 같았다. 큰 이익을 볼 수 있는 기회를 정확히 감지하고 그 기회를 결코 놓치는 법이 없었다. 자연히 보에스키에게 투자를 부탁

해 오는 사람들이 많아졌고 거래 규모도 커지게 되었다. 물론 그렇게 되자 보에스키의 몫은 더욱 커져 갔고 직접적으로 인수 합병 과정에 참여하기도 했다.

보에스키의 승승장구는 업계의 전설이 되었다. 전혀 터무니없어 보이는 주식에 손대는 일도 종종 있었지만 그의 과감성과 투지는 결국 어느 거래든 이익을 남겨 주었다. 자연히 보에스키가 이룬 부와 사업 전략에 관한 뒷소문이 월스트리트에 자자하게 퍼져 나갔다. 미친 듯 일에 매달리는 열정, 대중 앞에 나서기를 꺼리지 않는 대담성, 왕성한 저술 활동 등등 보에스키의 일상은 대중 매체를 통해 수시로 일반 사람들에게 알려졌다. 이제 그를 영웅시하며 추종하는 사람들까지 생겨나게 되었다. 레빈 역시 그들 가운데 한 사람이었다.

그러나 보에스키의 성공이 오로지 '행운의 여신'의 미소 덕분이었을까? 인수 합병이라는 사냥터에서 먹이를 찾아 헤매는 사냥꾼들은 결코 행운에만 의존하지 않는다. 그 사냥에는 복잡하면서도 철저한 준비 단계가 반드시 먼저 이루어져야 한다. 월스트리트는 원래 소문을 먹고 자라는 곳이다. 어디선가 인수 입찰이 이루어질 것 같은 기미만 보이더라도 해당 기업의 주가가 치솟아 올라 결국은 인수 자체가 불가능해지는 경우가 빈번하다. 따라서 철저한 대외비가 게임의 기본 원칙이다. 그러나 그 원칙에 충실하기란 불가능에 가깝다. 보안을 철저히 하면 할수록 정보가 새어 나갈 위험이 커진다. 인수 합병 전문 회사의 회의실은 물샐틈없는 요새 같아 보이지만 모든 벽에는 귀가 있는 법이다.

작업 진행 초기에 인수 조건 등에 관한 사안은 회사 최고위층만이 접근할 수 있는 1급 비밀이다. 그런데도 대부분의 경우 정보는 새어 나가기 마련이다. 공동의 목표를 이루기 위해 뜻과 힘을 모은 일단의 경영진이 기업을 이끌어 나간다는 이야기는 어디까지나 이상일 뿐이다. 중역 회의 석상은 파벌과 이해관계에 따라 수시로 모이고 헤어지는 일종의 전쟁터다. 대개는 교전 없는 냉전 상태지만 가끔씩 상대방을 곤경에 빠뜨리려는 권모술수를 꾸미기도 한다. 야심 많은 젊은 이사가 무능한 부사장을 몰아낼 덫을 준비할 수도 있고, 동기들보다 먼저 최고 경영자 자리에 오르고 싶은 부사장이 자신의 앞날에 방해가 될 것 같은 대상을 무너뜨리기 위해 음모를 꾸밀 수도 있다. 그럴 경우 제거 대상이 기획하고 주도하는 인수 합병 계획에 관한 정보를 사전에 누설하는 것이 가장 효과적인 방법이 될 수도 있는 것이다.

원래 비밀은 지켜지기 힘든 법이다. 돈에 연관된 비밀은 더욱 그렇다. '내 가려운 데를 긁어 주면 나도 긁어 줄게.'라는 식의 청탁 문화가 지배적인 풍토에서 비밀이란 마치 현찰처럼 주고받는 경제 단위가 될 수 있다.

레빈은 그런 정보를 알아내는 방법을 일찍부터 터득하고 있었다. 그렇게 입수한 정보를 이용해 그는 조만간 인수 대상이 될 회사의 주식을 사들였다. 그리고 그 정보가 대중 앞에 공개되는 시점에서 주식을 팔았다. 그렇게 해서 벌어들인 엄청난 돈은 바하마의 한 은행에 개설된 자신의 계좌에 차곡차곡 쌓여갔다. 물론 레빈이 항상 정확한 정보만을 입수할 수 있었던 것은 아니다. 그러나 일단 드렉셀 번햄 램버트의 이사가 되자 이야기는 달라졌다. 인수 합병이라는 게임을 관전할 수 있는 귀빈석 한 자리가 그에게 주어졌다. 누구보다도 먼저 소중한 정보를 직접 손에 넣게 된 것이다. 거물급 투자 은행의 이사라는 지위 덕분에 레빈은 더 이상 불법적이고 은밀한 도박을 할 필요가 없었다. 그러나 그의 사전에 '충분'이라는 단어는 존재하지 않았다.

더 큰 부를 원했던 레빈과 보에스키는 힘을 합치기로 결정했다. 정보는 레빈이 제공하고 보에스키는 투자하는 공조 관계였다. 레빈이 제공한 정보가 제대로 들어맞을 때에 한해서 수익의 일부를 떼어주는 조건이었다.

보에스키의 진실성을 의심하는 사람들은 많았지만 그들의 부정직한 관계는 오랫동안 지속되었다. 보에스키는 아주 능수능란한 인물이었으며 아주 강한 존재였다. 자신을 물먹이면 월스트리트 전체가 침체의 늪에 빠지게 될 것이라고 공공연하게 으름장을 놓았다.

하지만 기업 사냥꾼들은 정보에 관한 비밀을 지킨다는 서약을 어김으로써 인간적 품위와 도덕적 의무를 동시에 저버렸다. 따라서 언제든지 누구라도 배신할 수 있었다. 결국 내부의 누군가가 증권거래소에 그들의 비행을 낱낱이 고발하는 일이 벌어졌다. 일단 레빈이 먼저 수사의 표적이 되었고 추적은 보에스키에게로 이어졌다.

당시 월스트리트의 큰손들은 자신이 일반 사람들과는 전혀 다른 세계 사람이라는 환상 속에서 살고 있었다. 특히 레빈은 자체적인 감독권과 경찰권을 가진 증권 거래소를 우습게 여기고 있었다. 세상의 모든 것을 돈으로 저울질했던 레빈은 쥐꼬리 만한 월급에 메어 사는 공무원을 하찮게 보았던 것이다. 그러나 증권 거래소 요원들은 만만한 상대가 아니었다. 레빈의 생각처럼 그들은 멍청하지도 무능하지도 않았다. 게다가 자신의 직업에 대해 엄청난 자부심을 가진 사람들도 여럿 있었다. 일단 완벽한 그물이 짜여질 때까지 그들은 모든 정보를 수집하며 끈기 있게 때를 노렸다. 마침내 시기가 무르익자 그들은 한순간에 덮쳐 왔고 월스트리트의 검은 손들 앞에는 협조냐, 오랜 감옥살이냐의 두 가지 선택만이 던져 졌다. 최고급 식당에서 식사를 하고 최고급 주택에서 살며 온갖 호화로움을 누린 사람들에게 범죄자들과 같은 공간에 갇혀 생활한다는 것은 생각만으로도 끔찍했다. 따라서 자신의 안전만 도모할 수 있다면 주변의 그 누구라도 희생시킬 수 있었다. 그 희생자가 함께 일해 온 동료라도 상관없었다. 물론 개인적인 감정이 개입된 것은 결코 아니었다. 그렇게 보에스키는 협조라는 선택을 하게 되었다. 엄청난 벌금, 일정 기간의 복역, 그리고 평생 주식 시장 접근 금지라는 선고를 받고 보에스키는 월스트리트라는 무대에서 사라졌다.

화려했던 레빈과 보에스키의 삶을 몰락으로 이끈 것은 탐욕이었다. 탐욕은 스스로를 파멸시키는 재앙이다. 탐욕스러운 사람은 목적지를 모르는 열차에 탑승한 승객과도 같다. 기차는 계속해서 속력을 올린다. 목적지를 정확히 밝히지 않으면서도 '그곳에 도착하면 바라던 모든 것을 가질 수 있다.'라며 승객들을 부추긴다. 그러나 만족이란 종착역은 영원히 닿을 수 없는 신기루일 뿐이다. 탐욕이라는 열차는 결코 멈추지 않으며 승객 또한 기차에서 내리지 않는다. 결국 기차는 어딘가에서 전복되고야 만다.

6장
투기, 인간의 본성

투기의 본질

탐욕의 파괴적인 특성을 알아차리기는 비교적 쉽다. 그러나 투기의 본질에 접근하기는 상당히 까다롭다. 사실 탐욕은 모든 동물에게 공통적인 특질인 반면에 투기는 인간에게 뚜렷이 나타나는 특질이다. 인간은 얻고자 하는 본능이 강하다. 또한 약탈자기도 하다. 진화의 과정이 그러한 특질을 잘 나타내 주고 있다. 그러나 많은 인간들은 게으르다. 게다가 최소의 노력으로 최대의 결과를 얻기를 바란다.

게으름은 많은 의미를 포함하고 있는 단어다. 게으름 혹은 나태를 바람직하지 않은 행태로 보는 시각은 전 세계 거의 모든 문화권에서 공통적이다. 탐욕과 마찬가지로 나태 또한 기독교적 관점에서 생각하는 일곱 가지 중죄 가운데 하나다. 그러나 여기에는 생각해 볼 여지가 있다. 인간은 누구나 목적을 갖고 살아간다. 그리고 가능한 한 최소한의 노력으로 그 목적을 이루려고 한다. 그런 특징은 특히 식생활 문화에서 분명하게 드러난다. 인간은 규칙적으로 음식을 섭취해야 한다. 그러나 거의 대부분의 인간은 자신이 먹을 음식을 스스로 마련하지 않는다. 과일이 먹고 싶다고 해서 가까운 숲으로 나가는 사람은 없다. 고기를 먹으려고 총을 들고 사냥감을 찾아 헤매는 사람도 없다. 시장, 유통망, 소매점, 그리고 식품 가공업 등은 오랜 세월에 걸쳐 나날이 발전해 왔다. 그것은 대부분의 사람들이 직접 먹거리를 사냥하거나 재배할 필요가 없어졌음을 뜻한다. 그리고 그것은 본질적으로 게으름의 산물이다. 이와 같은 게으름은 과연 죄악이라고 할 수 있을까?

돈에도 마찬가지의 논리가 적용될 수 있다. 오늘날 돈 없이 할 수 있는 일은 그리 많지 않다. 모든 경비가 포함된 여행 상품을 구입해 본 사람은 그런 여행에서조차 돈이 얼마나 필요한 것이며 큰 위력을 발휘하는지 잘 알 것이다. 물론 아무 일도 하지 않고 소파에 누워 빈둥거릴 수도 있다. 극소수의 부유한 사람들에게 그것은 하나의 선택 사항일 것이다. 그러나 대부분의 사람들은 어떤 식으로든 노력을 해야 돈을 얻을 수 있고 그래야만 살아갈 수 있다. 여기에서 노동의 형태가 결정된다. 그리고 그 노동의 형태에 따라 삶의 질이 좌우된다. 과거에는 교육 수준과 사회화 정도에 따라 그 차이가 규정지어졌다. 돈을 벌어 성공할 수 있는 사람과 그렇지 못한 사람들이 출발에서 이미 결정되어 있었던 것이다. 임금 수준이 전반적으로 향상된 오늘날, 상당한 수준의 교육을 받은 사람들도 경제적으로 허덕이며 살아가는 경우가 많다. 세금, 주택 융자금, 자녀 교육비, 보험료, 소개비 등등 지출과 채무 목록은 길게 이어진다. 그 와중에서도 사회는 우리를 이렇게 부추긴다.

"열심히 일하라. 결국 충분한 돈을 손에 쥘 수 있게 된다."

이 문구에서 유심히 살펴봐야 할 단어는 '결국'이다. 결국이란 과연 어떤 의미일까? 중년을 훌쩍 넘어선 나이까지도 주택 융자금을 갚지 못하는 경우가 허다하다. 경제적으로 충분한 성공을 거둔 결국의 시점에서도 너무 늦어 그동안 이룬 부를 제대로 누리지 못하는 경우가 대부분이다. 무조건 열심히 일할 수 있다는 보장도 없다. 건강상의 문제 때문이다. 무사히 은퇴할 나이에 이른 사람들도 그 결국의 시점에서 지난 세월을 돌아보며 반문한다. '과연 이렇게 살 필요가 있었는가?'

 투기의 이복형제 – 도박과 복권

인간의 역사에서 일확천금을 노리는 사람들은 언제나 존재했다. 물론 정상적인 경제 행위가 아니며 위험하다는 사실 또한 그들은 잘 알고 있다. 그럼에도 불구하고 순간의 승부를 고집하는 사람들을 우리는 투기꾼이라고 부른다.

과거에 인생을 역전시키는 한 가지 방법은 모든 길이 금으로 덮여 있고 강에는 물 대신 젖과 꿀이 흐른다는 신세계를 찾아 떠나는 것이었다. 그러나 오늘날 엘도라도와 같은 환상의 땅은 존재하지 않는다. 이 시대에 일확천금을 노리는 보다 일반적인 방법은 행운의 여신과의 한판 승부, 즉 도박이다.

도박은 인간의 역사 이전부터 존재했다. 철학자들과 신학자들은 포커 게임이나 체스 등의 잡기를 시간 낭비일 뿐이라며 못마땅해한다. 더구나 금전이 개입되면 상황은 훨씬 악화된다.

미래는 절대자의 주관에 달려 있지만 그렇다고 악마가 완전히 숨을 죽이고 있는 것은 아니다. 악마는 언제나 도박판이 벌어지는 탁자 아래 도사리고 있다. 이 세상에 완전한 공짜가 존재한다면 그것은 바로 도박을 통한 수입이다. 가게에서 빵을 한 덩어리 산다면 주인에게 그 값을 치러야 한다. 주인의 입장에서 손님에게 받은 돈 전부가 순이익이 되는 경우는 없다. 그러나 도박에서 딴 돈은 모두 순이익이 된다.

도박 산업은 갈수록 번창했고 이미지 또한 갈수록 좋아졌다. 16세기, 엄청난 전쟁 비용을 충당하기 위해 유럽의 여러 나라들은 도박을 제도화하기로 결정했다. 서른여섯 개 이상의 숫자를 가지고 당첨 번호를 추첨하는 복권이 바로 그것이다. 복권 제도가 도입되자 유럽은 그 열기에 휩싸였다. 처음 복권 제도를 시행한 국가는 프랑스와 이탈리아로 지방 군소 도시에서 시 재정을 충당하기 위해 시행한 것이 시작이 되었다.

영국 정부는 국채를 탕감하기 위해 18세기 초에 복권 제도를 도입했다. 당시 복권의 당첨 금액은 그다지 크지 않았고 그것도 몇 년에 걸쳐 나누어 지급하는 방식이었다. 하지만 시간이 지날수록 복권의 가격은 내려갔고, 당첨 금액은 점점 높아졌다. 이제 복권은 상당한 투자나 땀 흘리는 수고 없이 큰 부자가 될 수 있는 수단이 되었다.

 투기를 바라보는 시선

전문 경마꾼이나 주식 투기꾼은 단순한 육감이 아니라 확률에 의존해 배팅한다. 바로 거기에 도박과 투기의 공통점이 있다. 피터 번스타인Peter Bernstein은 그의 저서 《리스크》에서 확률이 원래 도박꾼들의 적중률을 높이기 위한 방편으로써 발전한 수학적 학문이며, 후대에 이르러 주식 투기꾼 또한 투기 전략의 성공을 도모하기 위해 확률을 적극적으로 이용하고 있다고 지적한다. 물론 확률만 가지고 오차 없이 투기의 결과를 예언할 수 있는 것은 아니다. 만일 그렇다면 이 세상을 무슨 재미로 살겠는가?

한편 세계 최고 수준의 경영 대학원에 개설되어 있는 '의사 결정학(decision science : 문제의 본질에 과학적으로 접근해 최선의 결과를 이끌어 내는 방법론을 연구하는 학문)'도 확률에서 파생된 학문이다. 페르마Fermat와 파스칼Pascal의 수학 공식들 역시 도박과 투기의 발전에 큰 기여를 해 오고 있다. 두 위대한 수학자가 함께 개발한 가능성 이론은 의사결정학의 핵심으로써 미래의 경제 지표를 예견하는 수단이다. 특히 보험업계에서는 그 이론을 적극적으로 활용해 오고 있다. 어쨌든 도박꾼이나 주식 투기꾼 모두 한 가지 공통점을 가지고 있다는 사실만큼은 분명하다. 그 공통점은 바로 위험 부담이라는 것이다.

 과거의 투기

사람들이 현재의 조건에 만족하며 살았던 시대는 역사상 존재하지 않는다. 인간은 늘 보다 풍요한 상태를 갈망해 왔다. 갈망의 가장 큰 대상은 역시 돈이다. 옛날 유럽 대륙에 기독교라는 한 종교, 그리고 천주교라는 한 종파만이 존재하고 있던 시절, 사람들은 만족할 줄 알아야 한다고 끝없이 가르침을 받았다. 당시 사회는 싸우는 집단, 기도하는 집단, 노동하는 집단으로 구분되어 있었다. 그 가운데 노동자 집단이 가장 큰 비중을 차지했다. 노동자 집단은 다른 집단으로부터 많은 칭송을 받았지만 늘 그렇듯 말이란 값싼 대가일 뿐이다.

집단을 구분하는 기준은 생산품이었다. 방패와 창을 든 기사는 영토의 물리적 안전이라는 상품을 생산하고, 우주의 질서를 관리하는 수도자는 정신적 안전이라는 상품을 내놓았다. 한편 노동자는 음식과 옷을 비롯한 모든 실질적인 상품을 생산해야 했다. 상품의 유용성을 인정받게 되면 노동자는 거기에 정직한 가격을 매길 수 있었다. 여기서 정직한 가격이란 비싸서는 안 된다는 의미다. 노동자 집단은 다른 집단에 의해서 칭송이라는 또 다른 보상을 받기 때문이었다. 따라서 자신의 상품에 부정직한 값을 매긴 노동자는 처벌을 받았다.

인생이라는 무대에서 각자 하늘에 뜻에 따라 배정된 역할을 수행한다는 것은 직업에 따라 신분이 구분됨을 의미했다. 기사는 귀족이며 따라서 지배 계급이었다. 현실적으로 귀족의 신분은 세습되는 것이었다. 실제로 전투에 참가한 경험이 있는 기사는 소수에 불과했지만 그 대신 그들의 무용담을 담은 숱한 전설이 그들의 체면을 살려 주고 있었다. 그들의 재산인 영지는 대를 이어 상속되었다. 물론 그들은 자신들의 영토에서 땀 흘려 일할 필요가 없었다. 또한 귀족이 장사나 무역, 혹은 금융업에 직접 관여하는 일도 드물었다.

한편 수도자는 오로지 기도 생활에만 힘을 쏟으면 그만이었다. 반면 농부를 비롯한 단순 노동자들이 신분을 높이거나 큰돈을 벌 기회를 갖는다는 것은 꿈보다 먼 이야기였다. 그러나 같은 노동자 계급에 속한 상인이나 무역업자는 경우가 달랐다. 경제 활동의 규모와 범위가 확산되면서 세습되어 내려 온 미천한 신분과 빈곤의 족쇄를 끊을 수 있는 기회가 갈수록 많아졌다. 상품이든, 무역이든, 돈이든 투기를 통해 부와 신분의 상승을 꾀할 가능성이 충분해진 것이다. 이제 그들은 과거와 연결 고리를 끊어 내고 새로운 미래를 다듬을 수 있는 연장이 자신의 손에 쥐어졌다는 확신을 갖게 되었다.

상인들은 그동안 정직만을 강요받았다. 이른바 정직한 가격이라는 것도 지배 계급의 기준에 따라 정해진 것이었다. 그 기준에 어긋나면 즉시 투기꾼으로 지목되어 비난받았다. 당시의 일반적인 정의에 따르자면 투기꾼이란 세속적 물품을 통해 정당한 몫 이상의 수익을 꾀하는 사람이었다. 따라서 사회적으로는 정직이라는 덕목을 위반한 모리배며 종교적으로는 신의 뜻을 거스르는 배교자였다.

 주식 투기꾼

주식 전문 중개인의 이미지는 지난 3세기를 거치는 동안 상당히 좋아졌다. 주식 거래가 첫선을 보였던 17세기에도 중개인은 있었다. 당시의 중개인들은 상품, 혹은 해운업과 관련된 보험 분야의 전문가인 경우가 많았다. 특별한 장소가 따로 없었기에 그들은 커피숍에 모여 흑판 위에 백묵으로 상품의 가격을 적어가며 거래를 했다.

18세기에 들어 증권 거래인의 위상은 사뭇 높아졌다. 하지만 당시 그들이 '주식 투기꾼'이라고 불린 것으로 미루어 그들을 멸시했던 풍조는 채 가시지 않았다고 보여진다. 그들은 롬바드가나 런던 거래소에 모여들었다. 그리고 일반 사람들 앞에서 부와 세력을 과시하는 경우가 잦았다. 남해회사의 실패가 사회적으로 큰 파장을 불러일으켰던 1720년, 그들은 마침내 독립적인 기구를 구성한다. 보물

창고로 여겨지던 남아메리카와의 무역 거래에서 주식 투기꾼들을 포함한 한 무리의 상인들이 독점권을 따내게 된 것이다. 그들은 회사를 설립해서 영국의 국채를 사들였다. 구매 자금은 일반 사람들에게 주식을 팔아 조성되었다. 천문학적인 숫자의 배당금이 약속되었고 주가는 순식간에 천정부지로 치솟았다.

그러나 어느 정도 시간이 흐른 뒤, 주가가 하락하는 기미가 보이자 작은 눈덩이 하나가 산사태로 번지듯 매물이 쏟아져 들어왔다. 뉴턴처럼 당시 내로라하는 인사들을 포함한 투자자들은 상당한 재산의 손실을 감수해야 했다.

주식 투기꾼들이 최일선에 나서서 판매했던 것은 남해회사의 주식만이 아니었다. 앞날이 매우 불투명한 다른 벤처 사업의 주식들을 일반 대중에게 어물쩍 판매한 것도 그들이었다. 그들 중에는 지명수배자, 신용 불량자, 도망친 노예 등 무뢰배도 섞여 있었다. 로빈슨 크루소의 저자인 다니엘 디포Daniel Defoe는 그들을 '강도보다 만 배 더 악한 무리'라고 표현했다.

지배 계층에서는 주식 투기꾼들을 증오했고 또 그만큼 두려워했다. 그러나 그들 가운데에서도 상당수의 인사들이 그들에게 이런저런 명목으로 채무를 지고 있었다. 어쨌든 엄청난 부를 이룬 그들은 작위와 영지를 사들여 자신의 신분을 높이기에 이르렀다. 그러나 19세기 초반 그들의 수상쩍은 근본을 추궁했던 윌리엄 코빗William Cobbett 같은 극소수의 인사를 제외하고는 그에 관해 이의를 제기하는 사람은 없었다.

　오랜 기간 동안 영국을 주 무대로 활동한 주식 투기꾼의 시대는 이미지가 상당히 개선된 주식 중개인의 등장으로 종막을 고하게 되었다. 원래 주식 투기꾼은 증권을 거래하는 일반 사람들과 개별적으로 접촉하는 것이 허용되지 않았다. 그들의 활동 무대는 증권 거래소로 한정되었으며 그 안에서 그들은 마치 무대 위에 선 배우처럼 손짓 발짓을 섞어가며 목청을 높이곤 했다.

　마침내 1986년, 런던 증권 거래소의 대대적인 개혁의 하나로 주식 투기꾼은 모조리 역사의 뒤안길로 퇴장당하기에 이르렀다. 따라서 그때까지의 이원적인 체제는 무너지고 주식 중개인만이 매장에서 직접 시장을 형성하고 거래를 성사시키는 일원화 체제가 자리 잡게 되었다.

　어쨌든 주식 투기꾼들은 불량한 출신 성분과 투기적인 거래 행태로 주식 거래의 역사에 오점을 남긴 주인공이었다. 그들이 설립한 회사는 대부분 은행으로 합병되었지만 그중 일부는 살아남아 특히 현물 시장에서 활동하고 있다.

　한편 증권 거래소도 세월의 흐름에 따라 많은 변화를 겪어 왔다. 시카고 무역 협회처럼 시끌벅적한 예전의 모습을 그대로 유지하고 있는 증권 거래소도 여전히 남아 있기는 하지만 화면을 통해 거래하는 'ACT시스템'이 도입된 이후 증권 거래소라는 물리적 공간은 구시대의 유물이 되었다.

 **투자와 투기**

 당시 대서양 건너편의 상황은 이와는 다른 방향으로 전개되고 있었다. 월스트리트 초창기, 런던에서와 마찬가지로 상인들의 거래 목록은 현물과 보험이 주종을 이루고 있었다. 물론 그 목록에는 주식도 끼어 있었지만 그 비중은 상대적으로 작았다. 월스트리트에는 남해회사와 같은 거품은 존재하지 않았다. 또한 투기적인 상거래 행위를 보는 시선도 훨씬 너그러웠다. 당시 미국의 동부 연안 지역 주민들 대부분은 새로운 삶을 찾아 신대륙으로 건너온 이민자로서 실질적으로는 그들 모두가 인생을 건 투기업자였기 때문이었다. 뉴욕의 증권 거래인들은 상인 가운데서 자생적으로 생겨났다. 물론 신분의 벽도 없었고 주식 투기꾼이라는 단어도 존재하지 않았다. 어느 정도의 규율은 있었지만 그것도 장외의 마구잡이 거래인들로부터 기존 거래인 집단을 보호하기 위한 이상의 의미는 없었다.

 어떤 분야에서든 옳고 그름을 단정 짓는 것은 위험한 일이다. 아무래도 각 개인의 윤리관이나 가치관이 개입되기 때문이다. 하지만 투기업자라는 단어는 도덕적인 관점에서 투자자라는 단어보다 어감이 좋지 않은 것이 사실이다.

 월스트리트에서 투자자란 장기적인 안목으로 주식이나 채권을 구매하는 주체다. 그들의 투자 방식을 일반화시키기는 힘들다. 하지만 투자자는 대개 확실성과 안전성을 선호하게 마련이다. 따라서 투자자의 돈은 채권 쪽으로 모이는 것이 보통이다. 오늘날 국채는 비록 차익은 그다지 크지 않지만 가장 안전한 투자다. 국가의 힘이 예전처럼 강하지 않기에 정부는 발행한 국채를 반드시 거두어들여야 하기 때문이다.

어떤 투자자들은 은행을 선호한다. 그러나 제아무리 신중한 투자자라고 할지라도 어쩔 수 없는 상황에 의해 큰 손실을 감수해야 하는 경우가 생긴다. 100퍼센트 확실했던 미래의 수익을 송두리째 물거품으로 만들어 버리는 가장 큰 위험 요소는 인플레이션이다.

물론 투자자와 투기업자를 명확히 구분하기는 어렵다. 그러나 그 둘 사이에는 몇 가지 차이점이 존재한다. 투기업자는 빠른 승부를 추구하는 사람이다. 수익이 예상되는 곳을 치고 빠지는 것이 주특기다.

따라서 투자자와 투기업자의 첫 번째 차이점은 기간이라고 할 수 있다. 투자자는 장기간의 자금 운용을 늘 염두에 두고 있는 반면 투기업자는 시간이나 날짜 단위, 길어봐야 주 단위의 사업 계획을 선호한다. 주식으로 말하자면 투자자는 장시간 동안 특정 주식에 자금을 투입한다. 그의 투자 전략의 바탕은 신뢰와 책임감이다. 투자자는 충실한 남편이 아내를 다루듯 자신이 투자한 주식을 대한다. 반면 투기업자는 자기 자신을 제외한 어떤 다른 대상에도 책임감을 느끼지 않는다. 말하자면 투기업자는 철저한 바람둥이인 셈이다. 그렇듯 투기업자들의 무책임한 행태는 '검은 월요일'을 비롯한 재계의 엄청난 위기를 수없이 초래해 왔다.

물론 이런 식의 이분법에는 무리가 있다. 상당한 규모의 증권 시장에는 투자자와 투기업자의 특질을 공유하고 있는 거래인들이 있기 마련이다. 순간의 승부를 추구하는 투기업자와는 달리 장기적인 안목을 가지고 승부하는 투자자라고 해서 늘 남을 배려하는 자상한 친척 아저씨쯤으로 생각하는 것은 큰 오산이다. 투자자 역시 이윤을 추구하기는 마찬가지다. 다만 원하는 이익을 얻을 때까지 기꺼이 참고 기다린다는 점이 투기업자와 다를 뿐이다.

투자자가 내리는 결단은 결코 쉽게 얻어지는 것이 아니다. 어느 투자자가 잘못될 일에 자신의 소중한 돈을 쏟아 붓겠는가? 투기업자의 경우와 마찬가지로 그들의 투자 과정에는 감상이 끼어들 여지가 없다. 어렵게 내린 결정이 그다지 현명한 판단이 아니라는 것이 판명되면 그 순간 투자자는 그때까지 입은 손해를 감수하더라도 즉시 발을 빼야만 한다. 발을 빼는 적당한 시기를 놓치면 결국 불어난 손실에 의해 치명적인 타격을 입게 된다. 투자자 또한 투기업자와 마찬가지로 숫자와 지표, 그리고 상승과 하락 곡선에 크게 의존한다.

투기업자가 없는 증시는 존재하지 않는다. 만일 그런 곳이 존재한다면 그곳은 침울한 분위기 일색일 것이다. 투기업자는 그렇듯 증시를 활기차게 만드는 중요한 존재이기도 하다.

 **투기업자와 도박꾼**

투기는 시장의 역사와 함께 해 오고 있다. 과거에는 정보를 손에 넣는 능력 다음으로 직관이 중요했다. 직관과 그 직관을 실행에 옮길 수 있는 배짱은 오늘날 그 중요도가 사뭇 줄어들었다.

사실 투기업자와 도박꾼 사이에서 많은 공통점을 찾아보기는 힘들다. 전문 도박꾼에게는 인생도 기회며 도박도 기회다. 그들은 단 한 판의 도박에 모든 것을 걸기에 무대 위에서의 수명은 그리 길지 못하다. 그 한 판에서 패하면 다시는 재기할 수 없을 만큼 치명적인 손실을 입기 때문이다. 그러나 일반적인 주식 투기업자들은 그들이 늘 벗어나려고 하는 손실에 어느 정도 내성을 가지고 있다. 한동안 주가가 하향 곡선을 그릴지라도 그들은 겁을 먹지 않는다. 대개 그 정도의 위험 부담은 미리 예상하고 뛰어들기 때문이다. 그들은 주식 시장이라는 변덕스러운 날씨에 자신의 체온을 맞추는 법을 터득하고 있는 것이다.

투기업자와 도박꾼의 두 번째 차이점은 자금의 출처다. 도박꾼은 대개 자신의 돈을 가지고 게임을 하지만 투기업자의 자금은 종종 다른 사람들의 주머니에서 나온다. 자금이 넉넉하지 않은 투기업자는 신용 거래를 통해 투기를 한다. 그런 식의 거래는 1920년대 초반과 중반의 미국에서처럼 특히 경기가 좋을 때에는 상당한 수익을 올릴 수 있다. 그러나 거시적인 관점에서 보면 바람직한 현상은 아니다. 이는 이자율을 높일 뿐 아니라 경기가 침체될 경우 경제 전반에 부정적인 영향을 끼치기 때문이다. 1929년 이후 미국의 경제가 급속히 침체되자 투기업자들의 도산이 이어졌고, 그들의 실패는 도미노처럼 잇달아 경제 전반의 붕괴를 초래했다.

 오늘날의 투기

오늘날 투기업자에 대한 일반적인 시각은 여전히 회의적이다. 투기라는 단어가 주는 부정적 어감이 상당한 작용을 하기 때문이다. 굳이 어감만이 아니더라도 투기를 향한 세상의 곱지 않은 시선에는 충분한 이유가 있다. 우선 투기에는 땀이 배어 있지 않다. 그리고 위험 부담 또한 적다. 특히 부동산 투기는 위험 부담이 전혀 없다고 해도 과언이 아니다. 세계의 많은 지역에서 부동산은 정부 차원의 계획에 의해 관리된다. 그리고 농지로 관리되고 있는 지역은 일반적으로 땅값이 싼 편이다. 그런 땅을 사들인 투기업자는 자신이 알고 있는 모종의 경로를 통해 농지를 택지나 상업 용지로 용도 변경을 한다. 자연히 땅값은 치솟게 되고 투기업자의 주머니로는 엄청난 차액이 굴러들어오게 된다. 그 과정에서 땅 자체에는 아무런 변화가 일어나지 않는다. 주춧돌 하나 깔지 않았는데도 마치 마법에 걸린 듯 그저 가격만 변하는 것이다. 그런 식의 부동산 투기나 내부자 거래에 의한 투기는 사악한 짓이다. 농경지를 헐값에 사들인 뒤 일부 부패한 공무원에게 뇌물을 바치고 용도 변경을 받아내는 과정에는 진정한 상거래에 따르는 위험 요소가 존재하지 않는다.

 투기를 권하는 사회

아주 오랫동안 주식 투기는 증권 거래인들의 전문 영역이었다. 1929년의 미국 증권 사태와 같은 사건이 발생할 때야 비로소 일반 사람들은 증권 시장의 존재를 깨닫곤 했다. 증권 시장의 문은 오랫동안 대중을 향해 굳게 닫혀 있었다.

1980년대의 영국에서는 그 상황이 완전히 뒤바뀌게 되었다. 그 대전환을 주도한 인물은 당시 영국의 수상이었던 대처였다. 대처는 모든 근로자가 회사의 주인이 되어 노사가 적극적으로 협력한다면 회사는 최대의 이익을 얻을 수 있고, 나아가 영국 경제 역시 괄목할 만한 성장을 이룰 수 있다고 생각했다.

당시 영국 보수당의 공약 가운데 한 가지 중요한 항목은 국영 기업의 사유화였다. 영국 철강, 롤스로이스, 영국 공항 공사 등이 그 대상이었다. 원래 국민의 소유였던 회사를 실질적으로 국민들에게 돌려준다는 취지는 좋았다. 그러나 문제는 1,000억 파운드에 달하는 엄청난 가격이었다.

주식을 사려고 하는 사람들 가운데에는 전형적인 주식 투기꾼들이 다수 포함되어 있었다. 그러나 그들의 자금만으로는 부족했다. 이제 투자자들을 길거리에서 찾아야 했다. 투자를 권하는 대중 계몽 운동이 닻을 올렸다. 그 당시 투자자를 모집하는 한 광고에는 영국 사회의 모든 계층을 대표하는 인물이 등장한다. 멜빵바지 차림의 노동자, 음식점 여자 종업원, 터번을 두른 이국 종교의 수장이 모자 가게로 달려 들어간다. 잠시 뒤 가게를 나서는 그들의 머리에는 하나같이 중산모자가 씌워져 있다. 중산모자는 바로 영국 증권 거래인의 상징이다.

한편 주식을 사고파는 절차 또한 간결해졌다. 주식에 생소한 일반 사람들의 편의를 꾀하기 위한 조치였다. 1차 모집에서는 신청이 공급을 훨씬 초과했다. 재빠르게 주식을 되판 사람들은 짭짤한 수익을 챙길 수 있었다. 그리고 주식이 황금 알을 낳는 거위가 아니라는 사실을 깨달은 사람들 역시 미련 없이 주식을 팔고 시장을 떠나갔다. 전문가들은 쌈짓돈까지 털어가며 주식을 사서는 안 된다고 경고했지만 주식 열풍을 주도한 사람들은 더 많은 사람들이 주식에 맛을 들여 결국 주식 거래의 수익이 경마나 개 경주의 배당금을 초과하는 수준에 이르기를 기대하고 있었다.

그러나 1987년 '검은 월요일'이라는 초대받지 못한 마녀가 파티장을 아수라장으로 만들었다. 결국 대처가 꿈꾸던 사회는 실현되지 못했다. 그러나 그동안 주식의 매력에 눈을 뜨게 된 사람들이 크게 늘어났으니 대처의 노력이 전혀 헛된 것은 아니었다. 물론 눈부시게 발전한 네트워크 덕분에 집안에서도 빠르게 주식을 사고팔 수 있는 여건이 마련된 것도 주식 투자의 일반화에 큰 기여를 했다.

영국과 비슷한 시기에 일본에서도 소액 투자자를 목표로 한 투자 회사의 전략이 성공해 한동안 주식 시장의 강세가 이어졌다. 주식 시장이 급성장하는 데에는 상대적으로 빈약한 은행의 예금 이자율도 한몫을 담당했다.

그러나 1990년대에 들어서면서 상황이 틀어지기 시작했다. 주식 시장에 갑자기 찬바람이 불어 닥치자 투자 배당금은 터무니없이 줄어들거나 아예 자취를 감추고 말았다. 자연히 주가는 나락으로 곤두박질쳤다. 주머니가 텅 비어 버린 투자자들은 사기를 당했다는 피해 의식에 사로잡혔다. 그들의 분노는 곧장 투자 회사를 향해 폭발했다. 주식 시장 역시 범죄와 사기 행위의 온상으로 인식되기에 이르렀다.

불황은 10년 이상 지속되었다. 주식 시장은 마치 혼수 상태에 빠진 환자와도 같았다. 일상의 육체 기능은 정상이었지만 환자는 제아무리 심한 자극에도 아무런 반응을 보이지 않았다. 여러 부문으로 시도된 구제책 가운데 하나는 이자율 제로 정책이었다. 주식 시장의 경쟁자인 다른 금융 기관에서 예금에 대한 이자를 지급하지 않는다면 아무리 위험을 꺼리는 투자자라도 다시 한 번 긍정적인 자세로 돌아설 수 있으리라는 발상이었다.

그러나 그 지극한 상식마저 통하지 않았다. 은행에 묶여 있던 자금이 풀리기는커녕 오히려 늘어만 갔고 이자 없는 예금이 못마땅한 나머지 은행 거래를 중단한 사람들도 주식 시장으로 돌아오지 않았다. 투자할 곳을 잃어버린 현찰은 결국 값비싼 수입품 등의 소비재를 구입하는 데 지출되었고 결국 사회적으로 과소비 풍조가 널리 퍼지게 되었다.

당시 상당한 현찰을 보유하고 있던 계층은 은퇴한 지 얼마 되지 않은 연금 수급자였다. 그들을 주식 시장으로 끌어들이기 위해 경제 당국이 고심 끝에 마련한 정책은 세금 감면 혜택이었다. 상속을 받거나 물려받은 주식에 대한 세금을 대폭으로 감면해 주는 것이 그 정책의 요점이었다. 황혼기에 접어든 연금 수급자들이 사랑하는 사람들에게 더 많은 재산을 남기고 갈 수 있는 길을 마련해 준 것이다.

한편 최악의 경기 침체 속에서도 국채 사업만은 고군분투하고 있었다. 또한 주식 이외의 부문에까지 전혀 투자가 이루어지지 않은 것은 아니었다.

2003년도 3사분기에 드디어 주가는 상승세로 돌아섰다. 그리고 2004년에 들어서서는 수출의 괄목할 만한 신장 덕분에 일본의 경기는 회복되었고 증시 또한 다시 활기를 띠게 되었다. 그러나 몇몇 전문가들은 지나치게 길었던 침체 기간과 연이은 사기 파문에 의해 증권가 주변에 조성된 패배주의와 불신 풍조를 지적하며 일본 증권 시장의 지속적인 상승세에 회의 어린 시선을 보내고 있다.

영국, 그리고 특히 일본에서는 손쉽게 신용 거래를 할 수 있다. 그러나 그 편리함이 오히려 올가미가 되어 소액 투자자들의 숨통을 조였다. 결국 증권 시장뿐만이 아니라 일반 금융 기관들까지도 일반 투자자의 적대적인 시선을 벗어나지 못하는 결과를 가져왔다.

7장
새로운 골드 러쉬, 닷컴 열풍

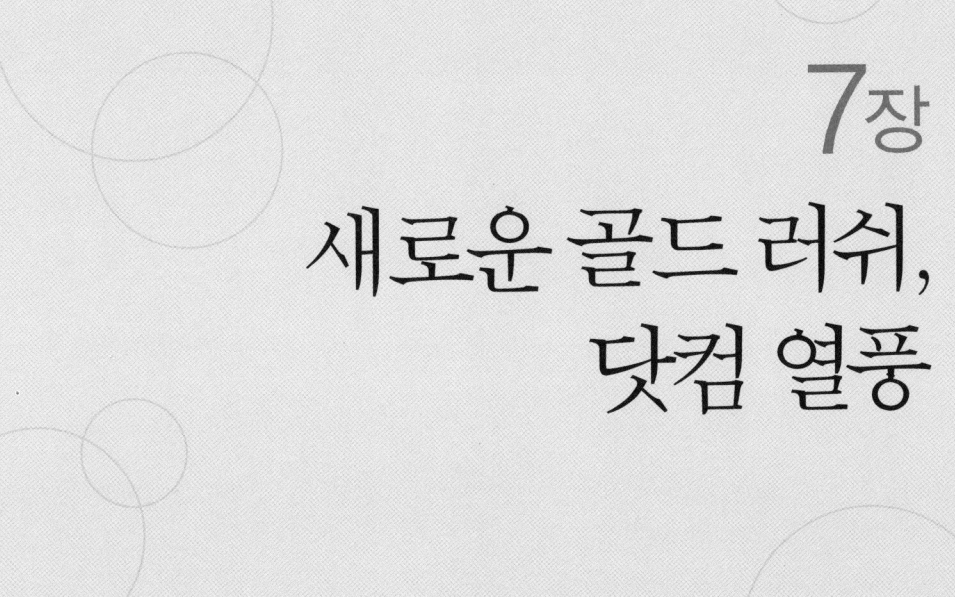

인터넷의 아버지 - 팀 버너스 리

오늘날의 인터넷은 우리 삶의 일부가 되었다. 마법의 세쌍둥이 'www'로 시작하는 숫자와 철자의 조합은 인터넷 세상에서 모든 행위의 주체가 된다. 과학과 기술의 힘이 또 한차례 세상을 변화시키고 있는 것이다.

1980년대 후반, 세상은 눈에 보이지 않는 하나의 끈으로 이어지게 되었다. 각국 정부와 학문 기관, 그리고 다국적 기업 등이 그로 인해 직접적이고도 엄청난 혜택을 받았다. 그러나 주식 시장에서의 사정은 사뭇 달랐다. 주식 투기업자에게 컴퓨터의 대중화와 인터넷의 확산은 악몽 그 자체였다. 전 세계 모든 주가의 실시간 동향이 투자자의 컴퓨터로 직접 전달되었고 그것은 곧 인위적인 간섭이 불가능해졌음을 의미했다. 그것이 1987년 주식 시장의 대공황을 일으킨 한 가지 원인이 되었다.

한편, 인터넷의 확산으로 과학자들 또한 많은 혜택을 입게 되었다. 학술적인 발견이나 연구 결과에 대한 정보를 얻기 위해 언론 보도, 혹은 다음 세미나를 기다릴 필요가 없어졌기 때문이다. 영국 출신의 컴퓨터 학자인 팀 버너스 리Tim Berners-Lee 역시 인터넷을 적절히 활용하고 있던 과학자 가운데 한 사람이었다. 당시 그는 제네바 소재의 유럽입자물리연구소CERN에서 일하고 있었다. 유럽입자물리연구소는 물리적 속도에 관한 한 정상에 꼽히는 과학 연구 기관으로 이미 양자 가속 장치를 개발하는 성과를 냈다. 당시 유럽입자물리연구소는 정보를 한데 모으는 장치의 필요성에 주목하고 있었다.

"아는 것이 힘이다."라는 격언은 너무나 익숙하기에 일반 사람들에게는 그다지 와 닿지 않는 것이 사실이다. 그러나 연구 기관에 종사하는 사람들은 그 말이 진실임을 절실히 느낀다. 과학자들은 연구 과제에 대한 해답을 찾아야 하며 그 해답에 이르는 길을 제시하는 것은 다름 아닌 정보 자료다.

버너스 리는 모든 과학적 질문의 해답을 제시할 수 있는 정보가 무궁무진하게 널려 있다는 사실을 잘 알고 있었다. 그러나 그 엄청난 양의 자료가 체계적으로 정리되어 있지 않다는 것이 문제였다. 전체적인 숲의 모양을 보기가 힘들었음은 물론 때때로 개개의 나무의 모습조차 구분하기 힘들었다. 버너스 리는 마침내 어지럽게 널려 있는 정보를 일목요연하게 정리하는 작업에 착수하기로 했다.

컴퓨터는 대중화되었고 인터넷이 확산되고 있었다. 서류를 전송할 수 있는 하이퍼텍스트(hypertext : 정보를 연결하고 검색할 수 있게 비순차적으로 기억된 데이터의 텍스트) 기술 또한 개발된 상태였다. 아울러 1960년대 이래로 하이퍼텍스트를 이용해서 각각의 컴퓨터를 연결할 수 있는 방법이 연구되고 있었다. 필요한 것은 하이퍼텍스트를 활용할 수 있는 컴퓨터 언어였다. 모든 컴퓨터가 이해할 수 있고 빠르면서도 상대적으로 단순해야 했다. 마침내 그 모든 조건을 충족시킬 수 있는 프로그램이 버너스 리에 의해 완성되었다. 그것이 바로 HTML(Hypertext Mark up Language : 인터넷의 하이퍼텍스트를 표현하기 위한 용어)이다. HTML은 모든 웹 브라우저의 필수 요소로서 현재 그 네 개의 철자 없이는 웹 사이트에 접속한다는 것 자체가 불가능해지기에 이르렀다.

버너스 리의 다음 작업은 컴퓨터 파일을 효율적으로 전송하는 시스템의 개발이었다. HTTP(Hypertext Transport Protocol : 인터넷의 하이퍼텍스트 통신 규칙)는 그렇게 해서 세상의 빛을 보게 되었고 자료 제공자와 소비자의 편의를 돕는 장치로 현재까지 유용하게 활용되고 있다. 이제 완벽한 사이버 공간을 건설하기 위해서 남은 작업은 단 한 가지, 다양한 정보원과 접촉할 수 있는 시스템의 개발이었다. 그 필요에 의해 탄생한 것이 서버가 있는 장소를 지시하는 방법인 URI Universal Resource Identifier, 혹은 URL Uniform Resource Locator이라고 불리는 장치다.

버너스 리가 처음으로 월드 와이드 웹www을 구상했던 1989년에서 1990년 즈음, 웹에 대한 일반 사람들의 인식은 '괴짜들의 장난감' 정도였다. 당시에는 버너스 리 자신조차도 웹이 세계적으로 널리 활용되고 있는 오늘날과 같은 상황을 상상조차 할 수 없었다. 버너스 리의 동료들 가운데서도 그의 구상에 회의적인 사람들이 많았다.

한편 학문적 영역을 벗어나 처음으로 일반 사람들에게 선을 보였던 1991년도 웹 버전은 무척 조악했다. 그러던 것이 1993년에 넷스케이프 창업자 마크 앤드리슨Marc Andreesen에 의해 웹 그래픽이 개발된 뒤 오늘날과 같은 형태를 갖추게 되었다.

1980년대 후반과 1990년대 초반에 이르는 시기에 컴퓨터의 사용은 급속도로 대중화되었다. 생활의 편의와 재미를 위해 컴퓨터를 사용하는 인구가 기하급수적으로 늘어난 것이다. 그러나 사용자들의 대부분은 최소한 1990년대 중반까지는 웹을 활용하는 방법을 모르고 있었다. 더구나 그 시절에는 모뎀을 통해 보다 넓은 세상과 정보를 나눌 수 있었던 사람도 소수에 지나지 않았다. 그 시절의 모뎀은 문서 전송 기능 외에는 거의 실용성이 없을 만큼 느렸다. 대안으로 등장한 전화선 역시 느리기는 마찬가지였다.

모뎀을 내장한 새로운 컴퓨터 기종이 개발되면서 상황은 획기적으로 개선됐다. 1994년, 윈도우와 매킨토시 시스템을 위한 웹 브라우저 버전이 출시되었고 그 즉시로 대박을 터뜨렸다. 인터넷이 완전히 개발되지 않은 상태였고 인터넷 자체에 대한 일반 사람들의 이해가 부족했던 시점이었지만 최소한 인터넷에 접속할 수 있는 장비를 갖추는 것이 필수가 된 상황이었다. 그 장비의 효용에 관해 충분히 알고 있었던 사람은 거의 없었지만 단순히 정보를 주고받는 것 이상의 쓰임새가 있으리라는 사실은 모두 알고 있었다.

그리고 마침내 웹의 상업성이 검증되자 '인터넷 산업'이 탄생했다. 전 세계를 잇는 웹의 탄생은 세상을 변화시켰다. 물론 그 변화가 반드시 긍정적인 것만은 아니었다. 어쨌든 선진국 가정에는 대부분 컴퓨터가 있고 그것은 곧 웹과의 연결을 의미한다. 아이들은 걸음마를 떼기도 전에 먼저 웹에 접속하는 법을 배우기도 한다. 자녀의 올바른 인터넷 사용을 바라는 부모들은 걱정스럽기도 하다. 인터넷은 마치 열대 우림처럼 무질서한 세상이다. 반사회적인 메시지나 불법적인 물건도 그곳에서는 얼마든지 전달하고 판매할 수 있다. 다행스러운 것은 대부분의 인터넷 사용자들이 그런 종류의 정보나 물건을 외면한다는 사실이다. 자율적으로 정보를 관리하는 사용자들이야말로 버너스 리가 세운 업적의 진정한 수혜자라고 할 수 있다.

 닷컴 열기

웹이 통신 및 교류 수단의 새로운 기원을 이룩한 것은 아무도 부인할 수 없는 사실이다. 그러나 웹의 발명으로 인해 과거의 남해회사의 경우와 같은 엄청난 거품이 일어난 것도 사실이다.

미국 샌프란시스코의 산업 단지 실리콘 밸리의 여명이 밝아 오던 20세기 말, 많은 사람들은 다시 한번 칵테일잔을 높이 들었다. 그것은 꿈과 기회, 그리고 약속을 섞은 칵테일이었다. 그러나 그 칵테일에는 조만간 터져 버리고 말 거품이 수북이 덮여 있었다. 기발한 아이디어 덕분에 닷컴 주식으로 투자자의 돈이 몰려들었지만 그 아이디어는 종종 백일몽에 불과한 경우가 많았다. 그렇지 않은 경우에도 결과는 마찬가지였다. 주가가 끝없이 상승하는 일은 결코 일어나지 않기 때문이다.

1990년대의 새로운 금덩어리 'e-골드(e는 electronic의 약어)'를 좇는 열기는 19세기 캘리포니아 주 골드 러시의 열기만큼이나 뜨거웠다. 이번에도 '금'이 발견된 장소는 역시 캘리포니아였지만 그 '금맥'은 지리적인 경계에 구애받지 않았고 그것이 사람들을 더욱 매혹시키는 또 다른 이유가 되었다. 'e-골드'를 좇는 열기로 이내 전 세계는 후끈 달아올랐다. "반짝이는 것이 모두 금은 아니다."라는 말이 있지만, 1990년대에는 'e' 자가 붙은 것은 모두 엄청난 금맥이었다. 앞머리에 'e'라는 철자를 달고 신기술에 관한 아이디어를 발표하기만 하면 곧바로 투자자들의 돈이 몰려들었던 것이다.

그렇듯 'e-골드'는 새로운 연금술이었다. 늦기 전에 혁신적인 기술 군단에 합류하라는 취지의 표어들이 난무했다. 〈뉴스위크〉조차도 '일, 쇼핑, 그리고 유희와 교류의 새로운 길'이라는 내용의 기사를 내보내며 'e시대'에 이르렀음을 선포했다.

실제로 인터넷은 세상을 변화시켰다. 그리고 그 과정은 지금도 진행 중이며 앞으로도 한동안 계속될 것이다. 급속도로 발전하고 있는 기술은 보다 편리한 인터넷 세상을 내세우며 보다 큰 용량과 보다 다양한 기능, 그리고 보다 우수한 성능의 기종을 계속해서 선보일 것이고 그때마다 소비자의 지출은 늘어만 갈 것이다.

 대중의 반응

뜻밖의 좋은 기회에 사람들은 대개 주저 없이 달려드는 열성론자와 조심스럽게 사태를 관찰하는 신중론자의 두 부류로 나뉜다. 1990년대 후반에도 역시 그런 상황이 전개됐다. 그 당시에 신중론자들은 몸을 사린 반면 열성론자들은 비즈니스의 신기원을 이룩한 혁신이라며 거침없이 뛰어들었다. 물론 컴맹임을 내세우며 여우가 신맛의 포도를 대하듯 최소한 겉으로는 무관심을 보였던 사람들도 많았다.

우리 주변에는 위험에 대한 경고에 개의치 않는 사람들이 있다. 그런 사람들은 미신이나 속설 따위를 과감히 무시해 버린다. 그렇게 함으로써 자신의 힘과 용기, 그리고 독립체로서의 결단력을 과시하게 된다. 물론 자신에 대한 신뢰와 확신이 있어야 가능한 일이다. 주위의 만류나 위험의 조짐을 무시한 채 그 상황을 무사히 극복하고 나면 물질적 보상과는 별도로 엄청난 정신적 보상을 받게 마련이다. 인간이 모험하는 한 가지 커다란 이유가 바로 거기에 있는 것이다.

한편 재난은 늘 자신이 아닌 다른 사람들의 몫이라는 상대적 자신감 역시 인간으로 하여금 위험을 무릅쓰게 만든다. 예를 들어 어느 정도 주식을 아는 사람이 그 분야에 문외한인 사람들이 떠도는 소문만을 믿고 투자를 하는 모습을 보면, 상대적으로 자신은 안전할 것이라는 믿음에 사로잡히게 된다. 그런 종류의 자신감은 엄청난 재난으로 연결되기가 쉽다. 그러나 그 비현실적인 자신감 뒤에는 늘 낙관적이고자 하는 바람, 나아가 거친 세상에서 자신에게만은 재난이 닥쳐오지 않기를 바라는 인간적이고 애틋하기까지 한 염원이 서려 있다.

 인터넷과 비즈니스

일반적인 사업가라면 누구나 인터넷과 새로운 기술을 생산적으로 활용할 수 있다. 첨단이라는 수식어 때문에 갖게 되는 어느 정도의 부담감만 털어 버리면 그 장치는 사업을 보다 효율적으로 운용하는 데 큰 도움을 준다. 기업인에게 있어서 새로운 기술은 사업 수단의 이하도 이상도 아니다. 그것이 지닌 가치는 바로 그 범위 안에서 평가되어야 하는 것이다. 여기서 잠깐 파블로 피카소Pablo Picasso의 말을 인용해 보자.

"컴퓨터는 쓸모없는 물건이다. 오로지 대답밖에 할 줄 모르니 말이다."

사업의 묘미는 올바른 질문을 던지는 데에 있다. 지금까지 개발된 어떤 소프트웨어도 그런 기능을 갖추지 못하고 있으니 컴퓨터에 대한 피카소의 지적은 적절했다고 해야 옳겠다.

어쨌든 1990년대 말의 기업인들 역시 대부분 인터넷과 IT(Information

Technology : 정보 기술)의 상업적 가능성을 느끼고는 있었다. 그러나 그것을 활용할 방법을 찾아내는 것이 문제였다. 사업의 규모가 크면 클수록 또 사업의 역사가 깊으면 깊을수록 변신을 꾀하기가 그만큼 더 힘들었다. 세상에서 가장 커다란 풀장에 입장하기는 했는데 수영하는 법을 모르고 있는 것이다. 그에 관해 스트리트닷컴Thestreet.com의 공동 창업주, 제임스 크레이머James Cramer는 다음과 같이 말했다.

"인터넷이란 역사상 유례없이 과대 포장된 상품이다. 인터넷에 대한 지나친 선전과 그 선전을 맹목적으로 믿고 따르는 많은 소비자들 때문에 직접적으로 피해를 보고 있는 계층은 기존의 기업인들이다. 그들의 사업은 웹이 없었던 과거에도 잘 운용되어 왔으며 만일 웹이 개발되지 않았다면 오히려 더욱 번창했을 것이다."

 올라간 것은 반드시 내려간다

급작스러운 붐은 역시 급작스럽게 종말을 고한다는 것이 역사적인 경제의 법칙이다. 따라서 기술 혁신으로 인해 모든 경제 지표가 끝없이 솟구칠 것이라고 믿었다면 그것은 경제의 역사를 무시하는 일인 것이다. 물론 이번에도 모두들 행복에 도취된 시기가 있었다. 그 시기 동안 'e-골드'는 실제의 금덩어리보다 더욱 빛을 발하고 있었다. 그러나 술에 취했을 때와 마찬가지로 그 행복도 일시적일 뿐이었다. 인터넷과 연관된 모든 사업이 끝없이 승승장구하리라는 행복한 망상에서 비롯한 열기는 그렇게 느닷없이 식어 버리고 말았다. 어떤 종류든 붐은 결국 수그러드는 법이다. 파도를 타고 나간 사람은 파도를 타고 돌아오게 되어 있는 것이다.

기술의 혁신을 과대 선전하면서 본의든 아니든 대중을 망상으로 유도한 계층은 붐이 일어나면 가장 먼저 혜택을 받을 신흥 닷컴 기업가와 투자자였다. 투자 상담가, 벤처 자본가, 그리고 일부 언론 기관도 그 호경기가 끝없이 지속되기를 바랐다. 그들 역시 닷컴 산업으로 톡톡히 재미를 보고 있었기 때문이다.

그들은 모두 같은 마차에 타고 끝없이 펼쳐질 것 같은 탄탄대로를 달리고 있었다. 그들 앞에서는 마치 길을 닦듯 일단의 광고 기업들이 신생 IT 기업과 그 주식에 대한 선전에 열을 올리고 있었다.

여행길이 너무 편해서였을까? 마차에 탑승한 일행들은 모두 긴장을 풀고 편안하게 망상에 빠져 들었다. 일반 투자자들에게서 위탁받은 천문학적인 자금력을 보유한 벤처 자본가들은 'e'라는 접두어와 IT 관련 아이디어를 들고 찾아오는 신생 기업인이라면 누구에게나 기꺼이 금고를 열어 주었다.

당시 투자를 받기 위해서라면 짧고 간결함을 의미하는 'KISSKeep It Short and Simple'의 원칙을 지켜야 했다. 투자사의 중역이 엘리베이터를 타고 오르는 시간에 검토를 끝낼 수 있을 정도로 짧고 간결하게 사업 설명을 하는 것이 가장 효과적인 방법이었던 것이다.

한편 전 세계 곳곳의 서점에도 새로운 서적이 자리 잡기 시작했다. 발행한 회사들은 모두가 '닷컴.com' 도메인이었다. 물론 새로운 시대에 발맞춰 인터넷 문화를 발전시키고 올바른 인터넷 사용을 권장하는 내용의 서적들이었다. 그중에는 내용의 상당 부분을 신흥 'e 기업가'들을 비추는 데 할애하고 있는 잡지가 많았다. 그때그때 등장하는 기업가는 달랐지만 기술 혁신을 통해 엄청난 부를 이뤘다는 내용만은 한결같았다.

 도대체 누구의 잘못인가?

어느 한 개인이나 특정한 집단에 의해 벌어진 일이 아니기에 책임의 소재를 따지기가 힘들겠지만 만약에 과도한 주식 열기를 주도한 사람들을 심판대에 세운다면 어떻게 될까? 우선 주식 중개인과 시장 분석가가 집중적인 비난의 표적이 될 것이다. 그러나 그들이 사기를 치거나 거짓말을 한 것은 아니었다. 컴퓨터 화면에 나타난 닷컴 주식의 그래프는 위쪽으로 솟구치고만 있었고 그들은 그 정보를 그대로 믿었을 뿐이었다. 물론 투자자의 전폭적인 신뢰와 그에 따른 상당한 보수를 받는 입장에서 그들은 좀 더 신중했어야 했다. 그러나 그들 역시 망상의 희생자였다. 그들 또한 신기술 혁신이라는 새로운 연금술이 끝없는 부와 죽지 않는 삶을 보장해 주리라 믿었던 것이다. 투자자를 위해 주식의 동향에 관한 칼럼을 쓰는 전문가의 경우도 크게 다를 바 없다. 더구나 높아진 열기 속에서 비관적이거나 최소한 주의를 환기시키는 내용은 당연히 환영받지 못했을 것이다. 한편 광고 기업 또한 투자자를 부추겼다는 비난을 피하기 힘들다. 그러나 그들은 업계의 규칙을 지켜가며 최선을 다해 이익을 꾀했을 뿐이었다.

적법한 범위 안에서 자신의 일에 최선을 다한 사람을 비난할 수는 없는 일이다. 실제로 선풍적인 투자 열기가 일어났다는 사실은 관련된 모든 당사자들이 각자 최선을 다했다는 증거가 된다. 따라서 그들에게 책임을 따져 묻는다는 것은 아무래도 무리일 것이다. 결국에는 인간의 탐욕과 투기 심리, 그리고 망상이 어우러져 빚어낸 또 한 차례의 재난이었다.

어쨌든 거품은 터지고 말았다. 그 재난 때문에 경제의 역사에는 얼룩진 페이지가 더해졌다. 과연 그런 대가를 치른 대신 우리는 보다 현명해진 것일까? 그 교훈을 통해 우리는 탐욕과 투기, 그리고 망상의 유혹을 더욱 경계할 수 있게 된 것일까?

8장
투기로 흥한 자 투기로 망하다

철의 결속

19세기 중반, 철도를 통해 미국의 동서 연안은 완전히 연결되었다. 미국의 팽창과 번영은 철도 없이는 생각할 수조차 없는 일이었다. 당연히 철로는 전국 각지로 뻗어 갔고 철도 회사도 수없이 생겨났다. 그러나 당시의 모든 철로 건설이 말 그대로 건설적인 동기로 인해 이루어진 것은 아니었다. 특정 도시 사람들의 과시욕이나 정치적 로비 등 경제적 요인 외의 요소들이 개입된 경우가 많았다. 따라서 상업적 계산을 안중에 두지 않은 철로 건설이 빈번했기에 많은 철도 회사들이 경영난에 허덕여야 했다.

당시 미국 철도의 건설 재정은 런던과 뉴욕의 무역 센터에서 주관한 유가 증권 판매로 대부분 충당했다. 그 당시 뉴욕에서 주식이 거래되는 장소는 뉴욕 증권 거래소 말고도 한 군데가 더 있었다. '장외 시장curb market'이라는 이름으로 불리던 그곳은 증권 거래소에서 퇴출당한 유가 증권 거래인들이 야외에서 거래하는 장소였다. 그곳에서는 광산과 석유 관련 주식도 개별적으로 취급했다.

19세기 전반기 동안 뉴욕에서는 주가 폭락 사태가 여러 차례 발생했고 그때마다 거래인들은 물갈이가 됐다.

　미국의 남북 전쟁은 주식 시장에 있어서 노다지와 다름없었다. 엄청난 규모의 투기성 자금이 주식 시장으로 몰려들었다. 전쟁이 끝난 뒤에도 주식 시장의 열기는 식을 줄 몰랐다. 아니 오히려 더욱 뜨겁게 달궈졌다고 해야 옳을 것이다. '전보'라는 획기적인 통신 매체의 등장으로 뉴욕 증권 거래소가 대륙의 서안과 유럽 각지로 연결되는 범세계적인 네트워크가 탄생해 투기가 더욱 활개를 칠 넓은 장이 마련됐기 때문이었다.

　그 상황을 조율할 만한 능력을 가진 존재는 없었다. 이런저런 명목으로 투기꾼에게 활동 자금을 제공받은 정치인들은 꿀 먹은 벙어리에 불과했고 재계의 '친구'들을 법정에 불러 세울 판사도 없었다. 게다가 대부분의 사회 지도층 인사들 역시 주식에 투자를 하고 있는 상황이었으니 주식 시장의 투기는 더욱 기승을 부릴 수밖에 없었다.

 월스트리트의 악마 – 제이 굴드

　뉴욕 주 북부의 캣스킬 마운틴에서 태어난 제이 굴드 Jay Gould는 고향에서 가죽 가공업을 통해 어느 정도 성공을 거둔 뒤 뉴욕으로 활동의 근거지를 옮겼다. 겨우 20세 무렵 굴드는 이미 5,000달러를 손에 쥘 수 있었다. 당시 그 정도면 평생 남부럽지 않은 삶을 살 수 있을 정도로 큰돈이었다. 그러나 굴드는 그 정도에 만족하지 않았다.

굴드는 증권 시장에서 투기를 시작했다. 당시에는 철도 관련 주식이 주종을 이루고 있었고 당연히 큰돈을 거머쥘 수 있는 기회도 거기에 있었다. 명석한 두뇌, 두둑한 배짱, 뛰어난 재능, 게다가 폭넓은 인간관계까지 유지하고 있었으니 굴드가 일찌감치 성공 가도에 올라선 것도 당연한 일이었다. 그러나 굴드의 주변에는 진실한 우정으로 맺어진 친구는 없었다. 그의 동업자들은 자신이 굴드의 목적을 이루기 위한 수단에 불과하며 결국 야심에 찬 굴드의 제물로 전락하고 말 신세임을 알고 있었다. 그러나 굴드에게 돌을 던질 수 있는 사람은 없었다. 그즈음 주식 시장에서 정직과 신용을 토대로 한 거래는 없다고 해도 과언이 아니기 때문이다. 그 당시 회사들은 재무 상태를 공개할 의무가 없었다. 따라서 대다수의 일반 투자자들은 그들이 소유한 주식을 발행한 회사의 실상은 물론 재무 상태에 관한 기본 정보조차 얻지 못하고 있었다. 회사의 소유주가 마음껏 주가를 조작할 수 있는 풍토였던 것이다.

투기업자들이 가장 애용했던 전략은 목표로 삼은 회사의 주식을 모조리 사들이는 사재기였다. 그리고 그 주식을 팔 수 있는 사람이 자기 혼자밖에 없는 상태가 되면 마음대로 가격을 붙여 팔아 버리는 방법이었다.

에리Erie 철도는 미국에서 가장 오래된 철도 회사 가운데 하나다. 그 회사는 5대호와 대서양을 잇는 노선을 독점하고 있었다. 당시 미국에서 가장 컸던 철도 회사는 뉴욕 센트럴New York Central로 그 소유주는 '철도왕'이라는 별명으로 잘 알려진 업계의 거목, 코넬리우스 밴더빌트Cornelius Vanderbilt였다. 사건은 밴더빌트가 에리 철도를 인수하겠다는 의사를 드러내면서 시작됐다. 부도덕한 경제인으로 알려진 다니엘 드류Daniel Drew가 주도하는 에리 철도의 중역 회의에서는 그 제안에 반발했다. 밴더빌트의 인수 전략은 주식 시장을 통해 에리 철도의 주식을 사들이는 것이었고 그에 대한 드류의 방어책은 단순히 더 많은 주식을 발행하는 것이었다. 이제 시장에는 에리의 '물탄 주식(원액에 물을 붓듯이 거듭 발행되어 갈수록 주가가 떨어지는 주식)'이 홍수를 이뤘고 목마른 밴더빌트는 그 물을 하염없이 들이켰다.

이 상황에 끼어든 것이 다름 아닌 굴드였다. 사실 그 또한 에리 철도의 이사 신분이었으므로 그의 개입은 당연한 일이기도 했다. 굴드는 우선 언론계의 지인들을 포섭했다. 곧이어 꿋꿋하고 정직하게 사업해 온 작은 철도 회사가 대기업으로부터 생존을 위협당하고 있다는 취지의 기사가 주요 신문의 1면을 장식하기 시작했다. 대중들은 굴드의 기대대로 반응해 주었다. 소액 투자자들은 물론 주식에 관심이 없었던 일반 사람들까지도 에리 철도의 주식을 사들이기 시작한 것이다. 당연히 에리 철도의 주가는 치솟았고 주식을 사들여 에리 철도를 인수하려던 밴더빌트의 전략은 수포로 돌아갈 수밖에 없었다.

결국 전쟁은 끝났다. 그리고 에리 철도의 주가도 곤두박질쳤다.

거의 모든 투자자들이 손실을 감수해야 했다. 사태의 책임을 추궁하는 비난에 떠밀려 드류는 회사를 포기해야 했다. 그리고 그 빈자리를 차지한 사람은 그 전쟁의 유일한 승자인 굴드였다.

굴드의 다음 사냥터는 뉴욕의 금 시장이었다. 당시 미국은 금본위 제도를 시행하고 있지는 않았지만 실제 많은 거래에서는 금값을 기준으로 가격을 정하는 관행이 정착되어 있었다.

굴드는 뉴욕 시장의 금을 몰아서 사들이려는 시도를 감행했다. 미래의 특정한 시점에 금으로 대금을 지불할 것을 약정하는 금 증권 또한 굴드의 사냥감이었다. 결론부터 말하자면 굴드는 기대했던 목적을 달성하지 못했다. 미국 정부의 금 보유량이 엄청났기 때문이었다. 그러나 그사이 미국 사회는 또 한차례 엄청난 회오리에 휩쓸려야 했다. 당시 증권가에는 대통령까지 연루된 고위층에서 굴드의 뒤를 봐주고 있다는 소문이 돌았다. 상당수의 고위 관리들이 굴드가 관여하고 있는 금융 회사에서 뇌물에 해당하는 '특별 융자'를 받은 것도 사실이었다.

굴드는 이른바 대표적인 벼락부자였다. 그러나 경제적으로든 사회적으로든 엄청난 힘을 지닌 굴드의 과거를 문제 삼는 사람은 없었다. 우선 판사 집단이 그의 편이었다. 그리고 굴드는 뉴욕 정치계의 태머니홀 파벌의 보스 윌리엄 트위드William Tweed, 뉴욕 시장인 오클리 홀Oakley Hall 등 정치권의 내로라하는 인사들과 돈독한 관계를 맺고 있었다. 굴드는 그들에게 정치 자금을 지원해 주었고 대신 그들은 굴드에게 이권 사업을 챙겨 주었다.

그러나 모든 부정직한 관계가 그렇듯이 그들의 밀월도 결국 파경을 맞게 되었다. 뉴욕시의 행정과 재정을 마음대로 주물러 왔던 비리가 백일하에 드러나면서 트위드의 파벌이 몰락하는 사태가 발생했다. 자연히 불똥은 굴드에게도 튀었고 그 결과 그는 에리 철도 회사의 경영권을 내놓아야 했다.

그러나 행운의 여신이 굴드를 완전히 저버린 것은 아니었다. 굴드는 곧 재기해 뉴욕시의 맨해튼 고가 철도와 웨스턴 유니언 Western Union 전신 회사의 운영을 맡게 되었다. 그 기회를 발판으로 삼아 굴드는 미주리 퍼시픽 Missouri Pactipic 을 시작으로 철도 회사를 사들이기 시작했다. 1890년 즈음에는 세인트루이스 남서 지역의 철도 회사 가운데 절반이 굴드의 소유가 되었다. 1892년 굴드가 세상을 떠난 뒤, 그의 아들 조지 제이 굴드 George Jay Gould 는 유업을 이어 인수 합병을 통해 규모를 늘리는 정책을 고수했다. 그러나 그는 월스트리트에 대해서는 특별한 관심을 보이지 않았고 따라서 굴드 가에 의해 증권 시장에 파문이 이는 일은 더 이상 없었다.

굴드는 주식 시장의 권력자였다. 뉴욕 증권 시장에서 굴드는 구매자며 판매자였으며 가격을 정하는 존재였다. 증권 시장이란 원래 정보를 먹고 사는 곳이다. 굴드는 정보의 힘을 철저히 깨닫고 있었고 그 힘을 절묘하게 이용했다. 때로는 정확한 정보를 흘리기도 했고, 정보를 조작하기도 했으며 또 때로는 왜곡된 정보를 진실처럼 포장하기도 했다. 그 모든 조작은 그때그때 목적에 따라 운용되었으며 굴드가 개입할 때마다 주가는 폭등하거나 폭락했다.

굴드는 자신이 일으킨 비리의 파장은 전혀 염두에 두지 않았다. 액수가 얼마든, 피해자가 누구든 그에게는 아무런 상관이 없었다. 굴드가 즐겼던 방식은 짧은 기간에 주식을 사들여 주가를 올리는 것이었다. 그 때문에 가장 큰 피해를 입은 사람들은 초단기 거래자들이었다. 낮은 가격에 팔았던 주식을 굴드로부터 높은 가격에 되사야 했기 때문이다.

오랜 세월이 흐른 현재에 이르러서도 굴드는 여전히 주식 투기업자의 상징이다. 굴드의 투기는 오로지 한 사람의 승자만이 존재하는 제로섬 게임이었다. 감상은 개입할 여지가 없었고 단지 냉철한 계산만이 있었을 뿐이다.

 투기에 대가를 치른 윌리엄 크레이포 듀랜트

윌리엄 크레이포 듀랜트William Crapo Durant는 미래를 예지하는 능력이 있었고 그 능력을 활용해 부를 이룬 사람이었다. 날품팔이 근로자로 사회생활을 시작했던 듀랜트가 처음으로 손을 댄 사업은 마차 제조업이었다. 그러나 20세기로 들어서면서 마차의 시대는 사라지고 엔진의 시대가 시작되리라는 것을 예견한 그는 미련 없이 첫 사업을 접고 자동차 업계로 뛰어들었다.

1904년 듀랜트는 뷰익Buick의 중역이 되었고 그가 합류한 뷰익은 곧 포드사의 생산량을 따라잡았다. 1908년 듀랜트는 제너럴 모터스 General Motors라는 왕국을 이루게 된다. 미시건 주의 플린트에 본사를 둔 제너럴 모터스는 이후 전국 각지의 작은 자동차 회사를 계속해서 인수했다. 그러나 곧이어 닥친 불황의 회오리 속에서 제너럴 모터스 역시 파산의 위기에 처하게 되었다. 결국 금융권에서 뻗쳐 온 구원의 손길 덕분에 회사는 살아남았지만 구원자들의 요구에 따라 듀랜트는 회사를 떠나야 했다.

엄청난 역경에도 굴하지 않고 듀랜트는 다시 자동차 회사를 설립했다. 이번의 동업자는 스위스 출신의 카레이서인 루이 시보레 Louis Chevrolet였다. 당시 포드사의 주력 차종은 '모델T'였다. 모델T는 자동차의 대중화를 표방한 이른바 국민차의 시작으로서 저렴한 가격으로 시장을 장악하고 있었다. 듀랜트는 바로 그 틈새를 파고들었다. 가격이 저렴한 만큼 모델 T에는 별다른 옵션이 갖춰지지 않았고, 듀랜트는 조만간 그 단조로움에 식상한 고객들이 보다 고급 사양을 갖춘 승용차를 찾게 될 것임을 알아차린 것이다. 또한 그때까지 대부분을 차지한 검은색에서 벗어나 다채로운 색깔을 시도해 보기로 했다. 듀랜트의 예상과 사업 전략은 적중했다. 이제 다시 날개를 펼친 그는 1915년 제너럴 모터스를 되찾았다. 1919년 제너럴 모터스는 종업원 8만 6천 명에 연간 40만 대의 차량을 생산하는 대기업으로 성장했다.

역사상 최대의 증시 파동이라는 혼란 속에서 1920년대가 저물고 있었다. 그 이전 근 10년간의 눈부신 발전을 모두 잊은 듯 투자자들은 증시의 몰락을 지켜보고만 있었다. 당시 자동차 관련 주식은 시장을 이끌고 있었다. 미래의 영화는 자동차 주식의 발전에 달려 있었다고 해도 과언이 아니었다. 그러나 증시가 침체의 늪에서 허우적대자 투자자들이 가장 먼저 처분하려 했던 것은 바로 자동차 관련 주식이었다. 제너럴 모터스 역시 닥친 운명을 피할 도리가 없었다. 듀랜트는 자사의 주식을 다량으로 구매함으로써 하락의 속도를 줄여 보려는 자구책을 펼쳤다. 하지만 듀랜트가 보유한 자금만으로는 역부족이었다. 결국 듀랜트는 엄청난 빚을 지기에 이르렀다. 증권시장은 개인적인 힘이 작용하는 곳이 아니다. 따라서 주가가 계속해서 하락할 때 개인이 할 수 있는 일은 거의 없다. 당시 제너럴 모터스의 중역이었던 알프레드 슬론Alfred Sloan은 듀랜트의 필사적인 노력을 '모자 하나로 나이아가라 폭포수를 받아 내려는 무모함'으로 표현했다. 결국 듀랜트의 손실은 9,000만 달러에 이르렀다. 다행히도 듀폰Du Pont 기업, 그리고 잭 모건Jack Morgan을 비롯한 몇몇 재력가의 도움으로 제너럴 모터스는 간신히 파산을 면할 수 있었다. 그러나 이번에도 구원자들이 요구했던 대가는 듀랜트가 회사를 떠나는 것이었다.

만일 그때 듀랜트가 제너럴 모터스 주식의 단기적인 하락과 그에 따른 주주의 손실을 외면했더라면 결과는 전혀 다르게 전개되었을지도 모른다. 대불황이 지나가고 몇 년 후에 주가가 극적으로 올랐을 때 제너럴 모터스 주식 역시 약진에 약진을 거듭했기 때문이다. 이제 제너럴 모터스 제품은 물론 그 상표 자체로도 시대의 상징이 되기에 이르렀다. 따라서 듀랜트가 양심을 외면한 채 자신의 안전만을 꾀하며 단 몇 년간만 버텼더라면 전혀 손해를 보지 않았을 것임은 물론 더욱 큰 부를 이룰 수 있었을 것이다.

그렇다고 듀랜트가 완전히 몰락한 것은 아니었다. 또 다른 자동차 회사를 창업해 재기의 발판을 다진 그는 이후 주식 투기에 주력해 예전의 부를 상당 부분 회복할 수 있었다. 1920년대 막바지에 듀랜트는 인수 입찰을 통해 다시 한번 제너럴 모터스를 되찾으려고 했지만 결국 실패로 끝났다. 1929년 미국을 덮친 대공황의 폭풍에 듀랜트 역시 휩쓸렸던 것이다. 주식은 휴지 조각이 되었고 회사는 문을 닫기에 이르렀다. 결국 듀랜트는 파산 선고를 받을 수밖에 없었다.

듀랜트는 투기업자였고 동시에 자신 또한 투기의 희생자였다. 투기에 대한 열정이 전염된다는 사실을 그는 누구보다 잘 알고 있었다. 하지만 듀랜트는 지극히 양심적인 인물이었다. 따라서 자신의 열정에 감염되어 투기와 탐욕의 늪을 허우적거려야 했던 사람들에게 늘 책임감을 느끼며 살았다. 듀랜트는 재계의 권좌에서 스스로 물러남으로써 그 대가를 치렀다.

9장
투기업계의 새로운 신화

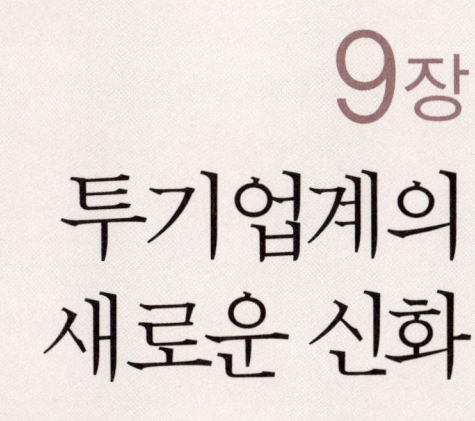

구리왕 – 마르쿠스 댈리

19세기에 들어 미국에 새롭게 둥지를 튼 이민자의 수는 수백만 명에 달했다. 모두들 풍요를 꿈꾸며 새로운 세상으로 왔지만 대부분 부랑자와 같은 삶을 살다 최후를 맞았을 뿐, 정작 꿈을 이룬 행운아들은 극소수에 불과했다.

마르쿠스 댈리Marcus Daly 는 그런 행운아 가운데 한 사람이었다. 미국 동부에 상륙한 그는 곧장 캘리포니아로 향했다. 그러나 그때는 '골드 러시'가 이미 전설이 되기 시작한 시점이었다. 캘리포니아에서의 삶에 기대할 것이 없다고 판단한 댈리는 뒤에 몬태나 주가 되는 내륙 지역으로 거처를 옮겼다. 비록 캘리포니아에 머물렀던 기간은 짧았지만 댈리는 그동안에 미 서부 지역의 많은 광산업자들과 돈독한 우정을 쌓을 수 있었다.

몬태나로 온 댈리는 많은 사람들의 만류에도 불구하고 가까운 은광을 사들였다. 댈리는 그 광산의 은맥이 거의 고갈된 상태였다는 사실을 잘 알고 있었다. 또한 금의 가치가 솟구치면서 은의 수요가 갈수록 줄어드는 세계적인 추세도 잘 알고 있었다. 그러나 그 광산에 은 말고 또 다른 광물이 매장되어 있다는 사실은 오직 댈리만이 알고 있었다. 그 광물은 다름 아닌 구리였다. 그것도 그때까지 발견된 구리 광맥 가운데 최대 규모였다. 사실 댈리가 사들인 광산은 풍부한 광물 자원을 품고 있는 구릉 지대에 있었다. 댈리의 광산에 매장된 구리 맥은 땅속으로 몇 마일이나 뻗어 있었다.

당시는 산업 혁명의 원동력이 되었던 철제가 무대 뒤로 퇴장하고 화려한 조명을 받으며 전기가 무대에 오르는 과도기였다. 전기라는 엄청난 힘을 전달할 매체가 바로 구리였다. 댈리는 그 모든 상황을 예견하고 있었던 것이다.

구리 광산과 제련소를 원활히 돌아가게 하기 위해서는 엄청난 인력이 필요했다. 많은 이민자들이 일자리를 찾아 그 지역으로 몰려들었다. 인구가 늘어나고 경제가 발전하자 연방에서는 그 지역을 주로 높여 주었다. 몬태나 주는 그렇게 탄생했다.

댈리는 평생 공직에 나서지는 않았지만 여러 직급의 공무원 입후보자들을 후원하는 방식으로 정치권에서의 영향력을 넓혀 나갔다. 1896년의 대통령 후보인 윌리엄 제닝스 브라이언William Jennings Bryan 역시 댈리의 지원을 받은 정치인 가운데 한 사람이었다. 그런 과정을 통해 주 의회를 비롯한 정치권에 든든한 인맥을 심어 놓은 뒤 댈리는 언론으로 눈길을 돌렸다. 오늘날까지도 몬태나 주에서 유력한 입지를 굳건히 지키고 있는 〈아나콘다 스탠더드〉는 언론계에서도 영향력을 행사하고자 하는 댈리의 의지로 창간되었다.

이렇게 댈리는 몬태나 주의 모든 분야에 영향력을 미치는 거목으로 입지를 굳혔다. 그러나 그는 명성에 집착하지 않았다. 몬태나에서 그의 이름이 붙여진 도시나 건물을 찾아볼 수 없다는 사실은 댈리가 명성에 집착하지 않았음을 입증한다.

세상을 떠나기 얼마 전 댈리는 이사회에 남아 있는 조건으로 아나콘다Anaconda 구리 회사의 자기 지분을 모조리 존 D. 록펠러John D. Rockefeller의 스탠더드 오일Standard Oil Co.에 매각했다. 한편 사업을 일으키느라 어쩔 수 없이 행했던 환경 훼손을 보상하기 위해 한동안 대규모 조림 사업에 주력하기도 했다. 이는 댈리가 오로지 금전만을 삶의 목적으로 생각하지 않았다는 증거다.

해밀턴과 뉴욕을 수없이 오가는 분주한 삶 속에서 어쩌다 여유가 나면 댈리는 목장으로 달려가 말을 돌보곤 했다. 그러나 몬태나 주에 있는 댈리의 집은 그의 명성에 비해 초라하기 그지없었다.

댈리의 성공은 투기를 발판으로 이루어진 것이다. 아일랜드를 떠나 미국에 발을 디딘 것부터가 투기였다. 미국으로 오는 뱃삯을 마련하기 위해 말을 훔쳤다는 인신공격성 소문도 전해지기는 하지만 어쨌든 댈리는 '아메리칸 드림'을 대표하는 상징이었다. 투기 덕분에 미국에 오게 됐고 엄청난 성공을 이루었지만 본질적으로 댈리는 투기에 집착하는 인물이 아니었다. 그를 가난한 이민자에서 세계 최고의 광산업자로 바꾼 가장 큰 요소는 투기가 아닌 성실과 근면이었다.

투기업자와 자선가의 두 얼굴 - 조지 소로스

조지 소로스George Soros를 모르는 사람이 텔레비전에서 그를 본다면 분명 중부 유럽 출신의 학자 같다는 인상을 받게 될 것이다. 소로스가 구사하는 영어에는 헝가리 출신임을 드러내는 독특한 억양이 배어 있다. 간결하고 확신에 찬 소로스의 어조는 듣는 사람의 기분을 상쾌하게 만든다. 소로스의 연설은 결코 지루하지 않다. 워낙에 박학다식한데다가 자신이 전달하려는 메시지를 정확히 알고 있기 때문이다. 또한 그 메시지는 항상 합리적이고 실용적이다.

그러나 이 모습은 소로스의 한 모습일 뿐이다. 엄청난 재력과 교묘한 수단을 이용해 건전한 통화 구조를 흩어 놓고 그 혼란한 상황에서 이익을 꾀하는 화폐 투기업자인 동시에, 헤지 펀드를 대규모 수익 사업으로 탈바꿈한 대담한 사업가라는 또 다른 모습을 지니고 있는 존재가 바로 소로스다.

소로스는 늘 대중 앞에 나설 준비가 되어 있는 인물이다. 그가 대중 앞에 나서는 이유는 자신을 드러내기 위해서가 아니라 대중에게 전달하고 싶은 메시지가 있기 때문이다. 소로스는 세상에 대한 낙관적인 환상을 품고 있었다. 자신의 꿈을 나누어 세상 사람들 모두가 보다 나은 삶을 살아갈 수 있게 되길 바랐다.

사실 많은 사람들이 소로스에게 듣고 싶어 하는 얘기는 그의 꿈에 관해서가 아니라 빠른 시일 안에 큰 부를 이루는 방법일 것이다.

그러나 삶의 철학을 담고 있는 소로스의 꿈은 충분히 귀 기울일 만한 가치가 있다. 인간은 누구나 세상을 바꿀 수 있는 엄청난 잠재력을 지니고 있기에 그 무엇보다도 중요한 존재지만, 그 잠재력을 개발해 세상을 보다 살 만한 곳으로 바꾸기 위해서는 반드시 적절한 교육을 받아야 한다는 것이 소로스의 주장이다.

일관성 없는 변덕과 감정에 좌우되는 개인주의를 지양하고 각자의 정당한 이익을 추구하며 동시에 공공의 이익을 생각하는 건전한 사회인을 기르는 것이 그 교육의 요지다. 바로 여기에서 우리는 사회에 대한 소로스의 시각을 엿볼 수 있다. 소로스에게 있어서 사회란 긍정적으로 변화될 수 있고 또 변화되어야 하는 유기체며, 그 변화를 일으킬 수 있는 존재는 사회의 구성원인 각 개인이다.

소로스는 70억 달러에 달하는 개인 자산을 갖고 있는 금융 재벌이다. 그는 부에는 책임이 따라야 한다는 사실을 일찌감치 깨닫고 꾸준히 자선 사업을 펼쳐왔다. 1970년대 말, 그때까지도 인종 차별 정책을 철폐하지 않았던 남아프리카 공화국의 케이프타운 대학에 흑인 학생들을 위한 장학 재단을 설립한 것을 시작으로 세계 곳곳에 소로스 장학 재단을 개설해 운영하고 있다.

소로스가 이끄는 '열린사회 재단'은 공산주의 정권을 몰아낸 동유럽 국가들과 구 소비에트 연맹이 붕괴된 뒤 독립한 신생국 국민들을 대상으로 특히 적극적인 활동을 펼치고 있다. 1980년대 말, 구 소비에트 연맹의 붕괴와 함께 공산주의 이념이 세력을 잃자 얼어붙어 있던 땅에 기회와 도전의 봄이 찾아들었다. 그 자신이 동구권 출신이기에 소로스는 거의 반세기 만에 돌아온 그 봄이 자유와 풍요가 꽃피는 계절이 되기를 바라마지 않았다. 그렇게 되기 위해서는 일단 개인의 자유를 보장하고 자유 시장 체제를 확립하는 것이 최우선의 조건이 되어야 했다. 그러나 미국식 자유와 자본주의 경제 원칙을 무조건 모방하는 것으로는 별다른 효과를 기대할 수 없었다.

비록 하루아침에 민주주의로 이념의 배를 바꿔 타긴 했지만 동유럽 국가들의 새로운 지도자들 대다수는 얼마 전까지만 해도 충실한 공산주의자였고 여전히 전체주의적 사고방식을 떨쳐 버리지 못하고 있었다. 그들이 입으로만 자유와 민주주의를 외치며 새로이 시장에 나온 공적 자원을 독점하거나 언론을 장악하게 될 경우, 가까스로 찾아온 봄은 그 이전의 오랜 겨울만큼이나 추운 계절이 될 가능성이 컸다. 아울러 선동적이고 극단적인 민족주의가 제멋대로 날뛰게 되면 사태는 더욱 심각하게 전개될 것이 분명했다. 실제로 보스니아를 비롯한 여러 지역에서 이른바 인종 청소라는 명목으로 자행된 반인류적 만행이 그 좋은 본보기였다.

그 모든 상황을 예견하고 있던 소로스는 동유럽 주민의 복지와 안녕을 조금이나마 높이기 위해 열린사회 재단을 중심으로 자신이 지닌 모든 힘을 쏟고 있다.

소로스와 열린사회 재단의 노력을 개인과 기업의 이미지를 높이기 위한 방편이라고 몰아세워서는 안 될 것이다. 소로스 장학 재단과 열린사회 재단의 활동은 단순히 자선과 속죄의 범위를 넘어서는 것이다.

또한 소로스는 국제주의자다. 그는 세계를 캔버스 삼아 구상하고 그림을 그린다. 퀀텀 헤지 펀드에 대한 투자도 그 시작은 미국이 아니었다. 소로스는 자국의 이익만을 꾀하는 미국 정부의 대외 정책에 대해 늘 거리낌 없이 비난해 왔다. 한번은 이웃을 거지로 만들려 한다며 당시 미국의 재무장관인 존 스노John Snow를 매섭게 몰아붙인 적도 있었다. 따라서 보수 계층의 일부 인사들이 소로스에게 매국노라는 비난을 가하는 것도 당연한 일이다. 국제 경제는 제로섬 게임이 되어서는 안 된다고 소로스는 주장한다. 국제화를 옹호하는 그의 목소리는 늘 온화하지만 대의를 외면하고 자신이나 자국의 이익만을 챙기는 사람들은 그 온화함 속에서 번뜩이고 있는 예리한 칼날의 섬광을 느껴야 할 것이다.

많은 벼락부자들은 자신의 성공담을 과장해서 떠벌리기를 좋아한다. 제도적인 교육을 받은 적도 없고 가장 밑바닥에서 시작했다는 점을 자랑삼아 밝히기도 한다. 하지만 소로스는 그런 사람과는 다르다. 그는 자신의 학력에 자부심을 가진다. 또한 자신의 세계관, 특히 사회에 대해 자신이 품고 있는 낙관적 환상을 보다 구체화시키기 위해 늘 철학적인 자세로 연구에 몰두한다.

또한 소로스는 투기업의 새로운 기원을 이룬 인물이다. 과거에 화폐는 투기의 대상에서 제외되었다. 그러나 장사꾼에게 있어서 세계는 하나의 시장이다. 그리고 어느 물건이든 판매자와 구매자가 있으면 거래가 성사되는 것이 시장의 가장 기본적인 법칙이다. 따라서 한 국가의 화폐도 얼마든지 거래의 대상이 될 수 있다. 단 이 경우에는 규모가 규모인 만큼 경제적인 요소 이외의 부분이 상당히 개입하게 된다. 그 부분에 관해서는 소로스 역시 어느 정도 비난을 감수해야 할 것이다.

하지만 소로스는 세상을 긍정적으로 바꾸고자 하는 꿈을 지닌 인물이었다. 결코 이기적인 기업가는 아니며 그가 이룬 엄청난 부는 집요한 탐욕의 산물이라기보다는 자신이 뜻을 펼치는 과정에서 얻은 부산물이라고 해야 옳을 것이다.

10장
몰락으로 이끄는 달콤한 유혹, 망상

 **망상의 본질**

사전에 나온 망상의 정의는 다음과 같다.

"그것을 뒤엎을 만큼 충분히 논리적이고 이성적인 자료나 주변의 충고 혹은 사람들의 보편적 인식에도 불구하고 유지되는 신념."

위의 정의에서도 알 수 있듯이 망상은 신념에 기초한다. 돈에 관한 기본적인 망상은 '적은 돈이라도 짧은 시간 안에 목돈으로 불어날 수 있다.'라는 간단한 문장으로 요약할 수 있다.

이자 수익율을 보고 은행에 돈을 맡겨 두었다고 하자. 때로는 이자율이 갑자기 떨어지기도 하겠지만 상당한 기간 동안 돈을 묻어 두고 있으면 언젠가는 다시 이자율이 솟구쳐 한때의 손실을 회복할 수 있을 것이다. 1900년도에 은행에 맡긴 푼돈은 2000년도에는 엄청난 목돈으로 불어나 있을 것이다. 그러나 여기에는 두 가지 문제점이 있다. 그 첫 번째는 인간은 반드시 죽는다는 사실이다. 1900년도에 태어난 사람이 2000년도에 불어난 예금의 혜택을 누릴 수 있는 경우는 거의 없다. 두 번째 문제는 인플레이션이다. 오랜 기간에 걸쳐 불어난 수익이 단 한 번의 인플레이션으로 물거품이 될 수 있는 것이다. 망상에 빠진 사람들이 짧은 시간에 부를 이루기 원하는 이유가 바로 그 두 가지 문제점 때문이다.

  물론 복권 당첨이나 혹은 주식 대박 등 보통 사람들이 벼락부자가 될 꿈을 품게 만드는 기회는 얼마든지 있다. 그런 행운을 잡은 사람들은 주최 측의 적극적인 홍보로 인해 널리 알려지게 된다. 결국 행운의 주인공은 획기적인 기술을 창안한 과학자나 불치병 치료법을 개발한 의사와 마찬가지로 일반 사람들의 찬사와 부러움의 대상이 되곤 한다. 주최 측에서는 그 행운아들이 '당신'과 같은 평범한 사람임을 거듭 강조한다. 그런 행운을 차지하기가 얼마나 힘든 일인지에 관해서는 이렇다 할 이야기가 없다. 신문사들도 '매주, 10만 명이 쌈짓돈을 도박으로 날리고 있다.' 라는 카피보다는 '혼자 아이들을 키우던 이혼녀, 복권에 당첨되다.' 라는 헤드라인이 판매 부수 증가에 훨씬 도움이 된다는 사실을 알고 있다. 결국 천문학적으로 희박한 당첨 가능성에 대해서는 잊어버리라는 메시지가 직접적·간접적으로 전달되는 것이다.

  다시 한번 강조하지만 망상은 신념에 기초하고 있다. 나름의 신념에 따라 망상에 빠진 사람에게는 주변 사람들의 만류나 합리적인 비난, 혹은 과거의 쓸쓸한 경험 따위는 성가신 참견에 지나지 않는다. 공부하는 대신 놀고 싶다고 떼쓰는 아이에게 미래의 성공과 실패에 관한 수학적 확률을 들먹이며 타이르는 것이 무슨 소용이겠는가?

 골드 러시, 금을 찾는 망상

과거의 많은 경제적 망상에는 장소적 요소가 포함되어 있었다. 이때 기초가 되는 신념은 다음과 같이 요약될 수 있다.

'지금 이곳에서의 삶은 고달프기 그지없다. 흘리는 땀에 비해 보잘것없는 수입으로는 가난을 면할 길이 없다. 그러나 어디 다른 곳에서는 반드시 이보다 나은 삶이 가능할 것이다.'

19세기 전반에 이와 같은 망상이 사회 전반에 불었다. 적은 노력으로 짧은 시일 안에 큰 부를 이룰 수 있다는 망상이 사람들 사이에 퍼진 것이다. 금을 찾아 나선 사람들이 모두 부자가 된 것은 아니었지만 금의 흡인력은 엄청났다. 당시 아일랜드 민요에 금을 좇는 사람을 노래한 대목이 눈길을 끈다.

"감자를 캐는 대신 나는 금덩어리를 캔다네."

금을 찾아 나선 사람들 가운데서도 부를 이룬 사람은 극소수에 불과했다. 막상 금맥을 발견했지만 금덩어리를 캐내고 제련할 기술과 자본이 없는 경우도 많았다. 금광 주변에는 술집, 도박장, 사창가 등이 성시를 이루었다. 땀과 바꾼 금이 이번에는 환락의 대가로 지불되었다.

가장 대표적인 골드 러시 가운데 하나는 1890년 후반, 유콘 지역의 클론다이크로의 행렬이었다. 무려 10만 명에 달하는 사람들이 금을 찾아 유콘으로 떠났다. 그 가운데 절반은 이런저런 사정으로 중도에서 포기했다. 유콘에 도착한 5만 명 가운데 적은 양이나마 금을 찾아낸 사람들은 4천 명에 불과했고 소원대로 부를 이룬 사람은 그 가운데에서도 고작 400명에 지나지 않았다.

골드 러시는 희박한 확률에 의지했고 나름의 신념에 따라 움직였다는 점에서는 망상이 드러난 것이라고 할 수 있다. 그러나 결국 금이 발견되었으니 그 모든 것을 다 망상이라고는 할 수 없다. 사실 19세기 골드 러시 기간 동안 채굴된 금의 양은 역사상 그 어느 시대보다 많았다. 금을 찾아낸 사람들은 극소수에 불과했지만 어쨌든 그들은 떠났기에 성공을 거둘 수 있었다. 보다 확실한 정보를 찾다가 결국 떠나지도 못한 사람들에게 돌아온 것은 아무것도 없었다. 때로는 '이번만은 다를 거야.' 라는 마음가짐이 필요한 경우도 있는 것이다.

그러나 오늘날에는 큰돈을 벌어들일 수 있는 기회가 더욱 많아졌기 때문에 부를 찾아 멀리 떠날 필요가 없게 되었다. 특히 절대적 빈곤에서 비교적 자유로운 현대 복지국가의 국민은 굳이 금을 찾아 떠나는 모험의 필요성을 느끼지 못한다. 또한 금의 가치가 예전처럼 절대적이지 않다는 것도 모험의 필요성을 느끼지 못하는 이유의 하나다. 그러나 그렇다고 해서 골드 러시 현상이 완전히 자취를 감춘 것은 아니다. 1970년대 후반에 전 세계는 다시 한번 골드 러시의 열기에 휩싸였다.

1970년대는 석유 파동 때문에 전 세계의 경제가 비틀거리는 시기였고, 경제를 살리기 위한 온갖 대책에도 불구하고 화폐의 가치는 하루가 다르게 평가 절하되던 상황이었다. 사람들은 뭔가 확고한 가치를 가진 대상을 찾아 나섰고 결국 그것은 금뿐이었다. 자연히 금값은 솟구쳐 올랐다. 1972년에 온스당 미화 42달러에 불과했던 금값이 1978년 말에는 미화 244달러로 뛰어올랐다. 이후로도 가격은 계속 올라 1980년 1월 21일에는 역사상 최고 가격인 미화 850달러까지 솟구쳤다. 그러나 그날을 정점으로 금값은 내리기 시작해서 1981년 어느 시점에선가 599달러로 잠시 상승세를 보이는가 싶더니 이내 하향세로 돌아서 그 이후 줄곧 내리막이 되었다.

 망상은 인간의 본능

망상과 같은 극도로 낙관적인 환상에 빠져드는 것은 어쩌면 인간의 본능일지도 모른다. 이성이란 원래 따분하고 진부하게 느껴지기 때문에 이성의 속박을 벗어 버리고 어린아이 같이 행동하고 싶어하는 욕구가 누구에게나 있다. 특히 안정적이고 유복한 가정에서 태어나 어린 시절을 보낸 사람들은 그 시절에 대한 향수가 짙다. 대부분 성인들에게 삶은 고달픈 것이다. 그들은 의식적으로든 무의식적으로든 보다 단순하고 밝았던 어린 시절의 삶을 그리워한다. 그러나 과거로 돌아갈 수는 없는 일이기에 그 욕구는 현실적으로 결코 채워지지 않는다. 그리고 채워지지 않은 욕구는 여러 가지 비이성적인 행태를 통해 분출된다. 긍정적인 희망과 해피엔드에 대한 망상은 초기에는 별다른 문제가 되지 않는다.

그러나 현실이 무시되고 왜곡되면서 문제가 시작된다. 실제로 가질 수 없는 것들을 망상을 통해 한껏 누리는 것은 크게 해롭지 않다. 그러나 점차 그 환상을 사실인 것처럼 착각하게 되면 문제가 되는 것이다. 부에 대한 망상도 마찬가지다. 벼락부자가 된 자신을 환상에서 그려 보는 일이 나쁠 것은 없다. 그러나 망상을 현실과 착각한 나머지 터무니없는 방법으로 현실에서 투자하게 되면 결국 개운한 기지개 대신 깊은 한숨을 토해내며 잠에서 깨어나게 될 것이다.

옛날에는 어둠이 망상의 근원이었다면 현대는 문명의 이기가 망상에 크게 기여하고 있다. 사람들은 어둠 속 세상에 대한 무지로 인해 근거 없는 망상에 두려워하곤 했다. 그러나 이제는 텔레비전부터 인공위성에 이르기까지 문명의 이기가 현대인의 삶을 환히 비추고 있다. 그러나 여전히 우리는 망상에서 자유롭지 못하다. 우리 눈에 보이는 모든 현실이 교묘히 조작된 가상이라는 극단적인 주장을 펼치는 사람들도 있다. 어쨌든 현재 지금의 세계는 과거와는 다른 종류의 망상을 일으키는 밝은 장소다.

복권은 지금 시대의 창조물이 아니지만 이제 텔레비전 시대를 맞아 이전까지와 전혀 다른 모습으로 다시 태어났다. 추첨 과정이 전혀 공개되지 않는 로또, 혹은 라디오를 통해 추첨이 진행되는 로또를 생각해 보라. 완전히 공개된 로또 추첨이 일반 사람들의 망상을 유도하는 데 얼마나 크게 기여하고 있는지 새삼 깨닫게 될 것이다. 텔레비전 드라마에서 멋진 주인공이 생산적인 일은 전혀 하지 않은 채 행복하고 호화로운 삶을 즐기는 장면을 보면서 자신의 삶도 저렇게 쉽게 풀릴 수 있지 않겠느냐는 망상에 빠지게 된다. 많은 사람들이 텔레비전을 통해 로또 추첨 과정을 보면서 역시 비슷한 망상에 빠지는 것이다.

소위 '황금 주식'도 그와 흡사한 과정을 통해 망상을 유도할 수 있다. 컴퓨터를 켜면 모든 근심을 없애줄 수 있는 주식에 관한 정보를 늘 접할 수 있다. 그런 광고는 사기는 아닐지라도 정직하지 못한 것만은 사실이다. 끝없이 상승하는 주식은 없으며 일단 하락세를 타기 시작하면 어느 주식이든 그 소유자의 근심을 더해 주게 되는 것이 당연하기 때문이다. 주식 투자를 유도하는 또 다른 방법은 우량 기업 관계자와의 직접적인 인터뷰, 혹은 비교적 전문적인 경제 프로그램을 통해서다. 그 경우 주최 측에서는 비밀을 나누는 듯한 은밀하고도 친근한 분위기를 조성하는 것이 보통이다.

물론 주식을 사는 것은 로또를 사는 것과는 다르다. 단순히 숫자 몇 개를 고르는 행위 이상의 무언가가 있는 것이다. 투자란 어느 정도 자금을 가지고 하는 행위라는 것이 사람들의 일반적인 인식이지만 로또에 투자하는 금액은 상대적으로 적다. 따라서 주식에 투자하는 사람은 로또를 사는 사람보다 재정적으로나 지적으로 우월하다는 느낌을 갖게 된다. 만일 대박이 터지면 그것은 현명한 투자의 결과로 생각되고 따라서 주변의 존경과 부러움을 사게 된다. 그러나 그 반대의 경우, 실패한 투자자는 로또 당첨금을 술집에서 다 날린 얼간이보다 더 큰 비웃음의 대상으로 전락하고 만다.

 오래된 망상, 연금술

돈에 관한 가장 일반적인 망상은 큰 투자 없이도 엄청난 부를 이룰 수 있다는 환상이다. 연금술은 바로 그 환상에 기초하고 있다. 값싼 금속이나 돌멩이를 금으로 바꿀 수 있다는 것이 연금술의 기본적인 이론이다. 문제는 그런 변화를 가능하게 하는 첨가물과 연금술 과정이다. 수많은 연금술사가 오랜 세월을 두고 그 해답을 찾아보려 했지만 아무도 성공을 거두지 못했다. 그들 가운데에는 물론 순수한 과학적인 호기심에서 연금술을 시작한 사람도 있었지만 사기꾼 수준에 가까운 사람이 더 많았다. 그들은 큰 부를 이루게 해 준다는 약속으로 순진한 사람들의 주머니를 털었다. 예전 군주들은 호사스러운 생활을 위해서나 전쟁 경비를 충당하기 위해서 늘 많은 돈이 필요했다. 이들은 값싼 금속을 금으로 변화시킬 수 있다는 이야기에 솔깃해질 수밖에 없었을 것이다.

연금술은 이제 역사의 뒤안길로 사라지고 있지만 모든 과학자가 연금술을 외면해 버린 것은 아니다. 1890년에 스웨덴의 희곡 작가인 아우구스트 스트린드버그 August Strindberg는 미세한 금 결정체를 만들려고 시도한 적이 있다. 그와 비슷한 시기에 스코틀랜드 과학자들이 시안화라는 일련의 과정을 개발했다. 물론 시안화라는 과정이 돌멩이를 금으로 바꿀 수는 없지만 금이 원석 안에 맥으로 포함되어 있는 경우 시안화를 거치면 순금을 추출해낼 수 있었다.

결국 연금술 또한 일종의 망상에 불과하다. 당시 일반 대중들은 연금술이 거짓이라는 사실을 깨닫지 못했다. 더구나 대다수의 연금술사들은 상당한 지적 능력을 인정받던 사람들이었다. 아울러 그 시절에는 한 금속에서 다른 금속을 추출하는 원리를 과학적으로 타당하다고 받아들이고 있었기에 망상에 빠진 사람들을 일깨울 과학적인 반론을 제시하기가 힘들었다.

 현대의 연금술, 인터넷

여전히 사람들은 적은 금액의 투자로 엄청난 부를 이룰 수 있다는 꿈을 꾸고 있다. 현대의 인터넷 붐 또한 그런 망상이 어느 정도 작용한 결과라고 볼 수 있다. 인터넷과 범세계적인 정보망 덕분에 현대인들은 시간과 공간에 구속을 받지 않고 세계 어디서든 빠른 속도로 서로 정보를 나눌 수 있게 되었다.

1990년대 중반 웹은 정보기관을 비롯한 특수층의 전유물에서 벗어나 일반 사람들에게 모습을 드러냈다. 그 즉시 엄청난 충격이 온 세계를 휩쓸었다. 보다 우수한 웹 브라우저와 신속한 모뎀이 연이어 개발되고 보다 저렴한 가격의 컴퓨터가 보급되면서 온라인 세계는 일반 사무실과 가정에 이르기까지 모든 사람이 공유하는 정보의 장이 되었다.

웹 사용자의 숫자는 엄청난 속도로 늘어 갔고 그 문화 또한 놀랄 만큼 성숙해 갔다. 그들은 평범한 욕구를 지닌 평범한 사람들이었다. 물론 사업에 종사하는 사람들도 있었지만 대부분은 일반 소비자였고 따라서 그들은 집단으로서의 엄청난 시장을 형성할 수 있었다. 이제 인터넷이 엄청난 힘을 발휘하는 시대가 되었다. 인터넷 뱅킹, 전자상거래, 인터넷 쇼핑 등 '인터넷 세계' 는 나날이 번창하고 있다.

초창기 인터넷 세계를 주도했던 사람들은 자신들이 프런티어 정신을 계승한 첨단의 사업가라는 자부심을 지니고 있었다. 당시 그들은 대중에게 곧 풍요의 시대가 펼쳐질 것임을 약속했다.

인터넷 세계로 들어가기 위해서는 닷컴으로 끝나는 신분증이 필요했다. 그러나 그 신분증을 얻는 방법은 너무나 간단했다. 누구든 자유롭게 인터넷 세계를 드나들 수 있게 되자 자연히 상상을 초월할 만한 잠재력을 지닌 시장이 형성되었다. 그 시장에 판을 벌이는 사람이라면 누구든 엄청난 부를 거머쥘 수 있을 것만 같았다. 실제로 인터넷 마켓 초창기, 웹은 그 속도만큼이나 빠르게 거액의 부를 채워 주었다. 한마디로 현대판 골드 러시가 일어난 것이다.

시장은 곧 신생 회사들로 넘쳐났다. 그중에는 기업 수준의 튼실한 회사도 있었지만 대다수는 자금력도 기획력도 없이 번뜩이는 아이디어 하나만 믿고 시장에 진출한 상태였다. 그렇다고 해서 그들이 자금을 모으는 데 어려움을 겪은 건 아니었다. 벤처 투자자들이 줄을 지어 대기하고 있었기 때문이다. 따라서 기본적인 경영 노하우조차 제대로 갖추지 못한 상태에서도 엄청난 자금력 덕분에 많은 회사들은 날로 성장해 나갈 수 있었다.

그러나 1999년이 되자 첨단 기술 주식의 과대평가는 심각한 문제로 대두됐다. 사태의 심각성을 깨달은 몇몇 사업주들은 서둘러 조치를 취하기 시작했다. 빌 게이츠Bill Gates는 주식 전문가들에게 마이크로소프트사의 주식을 추천하지 말라고 설득하기도 했다. 그러나 그렇게 간단히 해결될 문제가 아니었다. 주식 가격이 나날이 치솟고 있는데도 사려는 사람이 끊이지 않았던 것이다. 물론 그때까지도 상대적으로 낮게 평가된 주식이 남아 있긴 했지만 어쨌든 '쌀 때 사서 비쌀 때 팔라.'라는 전통적인 투자 지침에 정면으로 위배되는 상황이 펼쳐졌다. 하지만 정석을 벗어난 무리한 투자는 결국 처절한 대가를 치르고야 말았다.

뉴턴의 중력의 법칙에 따라 올라갔던 주가는 반드시 떨어지기 마련이다. 1960년대에서 1970년대 중반에 이르는 동안 미국 증시에서 벌어졌던 상황이 그 진리를 말해 주고 있다. 뮤츄얼 펀드(mutual fund : 개방형 투자 신탁)의 시대였던 그 시절, 미국 경제계를 주름잡고 있었던

50대 기업의 미래는 끝없이 찬란할 것만 같았다. 그러나 석유 파동, 외환 시장의 부정적 변동, 그리고 베트남 전쟁의 패전 등 잇따른 악재로 미국의 증시는 침체의 늪에 빠졌고 한때 경제계를 주름잡던 50대 기업들은 대부분 쇠퇴의 길을 걷게 되었다.

투자자가 주식을 살 때는 그 회사가 흑자를 내고 있는지, 앞으로도 흑자 행진을 계속 할 것인지 회사의 재정 상태를 파악해야 한다. 하지만 첨단 기술 관련 주식을 발행한 회사들 대부분은 수익의 발생 시점을 미래에 두고 있었다. 당장에 이익이 나지 않는 상황을 걱정하는 투자자에게 그들은 이렇게 말하며 설득했다.

"서두를 필요가 없습니다. 좀 더 인내심을 가지고 기다리면 우리의 엄청난 아이디어는 반드시 수익을 안겨 줄 것입니다."

투자자들은 인터넷 주식에 대한 맹목적인 믿음으로 분산 투자라는 또 하나의 전통적인 투자 지침을 철저히 외면했다. 엄청난 자금이 쏟아 부어졌지만 그 냄비는 아직 끓지 않았고 또 언제쯤 끓어오를지 아무도 모르는 상황이었다. 하지만 일단 끓기 시작하면 투자한 돈이 거품처럼 부풀어 오르리라는 사실을 모두들 믿어 의심치 않았다. 하지만 그들은 탁월한 투자자이자 경제 분석가인 피터 번스타인Peter Bernstein의 이야기에 귀 기울여야 했다. 번스타인은 이렇게 말했다.

"분산 투자는 무미건조하다. 그러나 올바른 정보와 전략을 지닌 투자자는 분산 투자를 한다. 투자의 목적은 즐거움을 맛보기 위함이 아니기 때문이다."

아무리 황금 주라 한들 계속해서 가격이 올라갈 수는 없다. 물론 논리적으로 가능한 일이긴 하지만 그런 일은 실제로 일어날 수도 없고 일어나서도 안 된다. 우선 다른 주식들, 혹은 다른 부문에 대한 투자금이 고갈된다. 그렇게 되면 이자율과 자금 공급선에 연쇄적으로 부정적인 변화가 일어나게 되고 결국 인플레이션이 발생하게 된다. 또한 국내외적 교역에 있어서도 큰 문제가 생길 수 있다.

투명하게 경영하는 건전하고 전망 있는 기업일지라도 전체 경제계에 부정적인 영향을 미치지 않으면서 수익이 계속해서 증가하기는 불가능하다. 만일 그런 기업이 존재한다면 업계의 경쟁자들을 계속해서 삼켜대고 감독 기관에서 허용하는 경우, 살아남기 위해 다른 부문까지 문어발식으로 뻗어 나가게 된다. 결국 그 기업은 전체 경제의 정상적인 흐름에 나쁜 영향을 끼치는 거대한 괴물이 될 것이다. 그런 대기업은 탄생하는 순간, 아니면 적어도 짧은 시일 안에 최후를 맞게 될 것이다.

다시 한번 강조하지만 끝없이 가격이 올라가는 주식은 존재하지 않는다. 결국 1990년대 후반과 2000년대 초반에 걸쳐, 세계 각국에서는 첨단 기술 관련 기업의 도산이 도미노가 쓰러지듯 발생했고 많은 투자자들은 진실을 외면한 대가를 혹독히 치러야 했다.

 **망상의 부작용**

시대를 막론하고 어떤 망상이든 사람들을 사로잡기 위해서는 반드시 비이성적인 요소를 포함하고 있어야 한다. 그것은 대개 이기심이 밑바탕이 된 탐욕이 드러난 것이다. 일단 탐욕이 이끄는 대로 망상의 늪에 빠져 들면 과거의 경험이나 주변의 충고는 물론 내면의 양심과 이성의 타이름마저 외면하게 된다.

대중음악계에는 혜성같이 나타나 각종 인기 순위에서 1위를 차지하고는 곧바로 사라져 버리는 그룹이 있다. 재능이 부족하거나 혹은 인기라는 칵테일에 들어갈 모든 요소를 고루 갖추지 못한 까닭일 수도 있다. 그러나 대부분의 경우에는 멤버 사이의 불화 때문이다. 힘든 시절에는 더없이 돈독하던 관계가 성공을 거두고 나면 틈이 생기는 것이다. 그 근본적인 원인은 돈이다. 멤버 가운데 한두 사람이 자신의 재능과 기여도를 지나치게 믿은 나머지, 자신이 가장 큰 몫을 차지해야 한다는 망상에 사로잡히는 것이다. 자연히 멤버 사이에 갈등이 생기고 예전같이 조화로운 선율을 자아낼 수 없게 된다. 그 모든 과정은 망상으로 인한 것이다. 자신이 재능이 있다고 믿는 것도 망상일 수 있고 언젠가는 불멸의 위치에 오를 수 있다는 희망도 망상일 수 있다. 그러나 가장 결정적인 것은 자신의 몫이 더 커야 한다는 이기적인 탐욕이 불러온 망상이다.

망상에 사로잡힌 사람은 왜곡된 시각으로 세상을 보게 되고 나아가 그 행태까지도 정상적인 수준을 벗어나게 되는 경우가 많다.

과거의 사실에서 한 가지 예를 들어보자. 1720년 런던 주식 시장에서 남해회사의 주가가 급등했다. 그 회사가 영국과 남아프리카의 교역권을 독점한 데다가 영국의 국채를 모조리 사들이고 있었기 때문이었다. 하지만 이는 최고위층을 등에 업은 몇몇 상인의 철저한 사기극에 불과했다. 그러나 진실이 밝혀지기 전까지 남해회사의 주식은 곧 '부'라는 종착역을 향해 떠나는 기차표와도 같았다. 많은 돈을 투자하지 않아도 된다는 선전도 재산이 많지 않은 투자자를 끌어들이기에 충분한 미끼가 되었다. 엄청난 부를 거머쥐고 팔자를 고친 사람들에 관한 소문이 무성했다. 그 가운데에는 이런 일화도 있다.

어떤 지주가 하인에게 자신 대신 남해회사의 주식을 사 오라고 했다. 하인은 주인이 준 돈을 가지고 자신의 명의로 주식을 샀다. 며칠 뒤, 엄청난 부자가 된 그 하인은 이자까지 톡톡히 쳐서 주인의 돈을 갚았다. 그렇게 부를 이룬 사회적 약자들은 런던의 최고급 주택가에 저택을 구입하고 영지를 사들이는 등 돈이 줄 수 있는 모든 호화로움을 누렸다. 사회적 강자로 부상한 것이다. 남해회사의 번창과 주가 상승이 조금만 더 지속되면 아예 기득권층을 밟고 일어설 수도 있는 상황이었다. 시작부터 귀족이었던 가계는 거의 없었고 그 사실을 누구보다 잘 알고 있었던 사람은 다름 아닌 귀족들 자신이었다. 따라서 자신의 하인을 비롯한 사회적 약자가 떠오름에 따라 귀족을 포함한 기득권층은 당연히 엄청난 위협을 느낄 수밖에 없었다. 사실

신분 사회의 지각 변동은 늘 가능한 시나리오였다. 다만 엄격히 구분된 신분 사회에서 그런 상황이 벌어지기 위해서는 상당한 희생과 시간이 필요하다는 것이 문제였다. 그러나 1720년의 상황은 달랐다. 단 한 발의 총성도 없이 순식간에 신분의 벽이 허물어지려 하고 있었던 것이다.

초조한 기득권층 앞에 놓인 선택은 단 하나, 주식 시장으로 몰려가서 '기적의 주식'에 투자하는 길 뿐이었다. 하인들이 고작 푼돈을 투자해서 큰 부를 거머쥐었다면 많은 돈을 투자한 자신들에게 돌아올 이익이 엄청날 것이라는 기대 섞인 투자였다.

신분의 벽이 무너지는 사회적 변화에 대한 귀족들의 공포는 물론 비합리적인 망상이었지만 그 파장은 엄청났다. 사실 남해회사와 관련해서 부를 이룬 사람은 극소수에 불과했다. 대다수의 투자자들은 거품이 꺼지고 난 뒤 투자한 돈 전부를 잃었다. 난파된 선박에서 웃으면서 내릴 수 있었던 사람들은 그 사기극의 주모자들뿐이었다.

그런 비합리적인 행태는 현재에도 이따금씩 눈에 띈다. 사회의 여건은 1720년과는 아주 달라졌지만 손쉽게 돈을 벌 수 있는 방법에 기꺼이 투자하는 모습만은 조금도 변함이 없다. 1990년대 후반, 기술 주식에 투자했다가 하룻밤 사이 백만장자가 된 성공 사례가 언론은 물론 인터넷과 소문 등을 통해 속속 알려졌다. 승자의 이야기는 언제나 감미로울 수밖에 없다. 사실 그 승자는 승리를 거저 주은 것이 아니다. 주식에 대해 충분히 연구하고 가능한 한 정확한 정보를 면밀히 검토한 뒤 투자에 뛰어든 사람들이 대부분이었던 것이다. 그러나 망상에 빠진 사람들의 눈에는 그러한 현실이 보이지 않았다. 보통 사람들이 저렇게 부자가 되는데 나라고 못 될 게 있느냐는 망상이 사람들을 사로잡았다. 어차피 인터넷을 통해 주식을 거래할 수 있고 정보 또한 인터넷에서 얻으면 되는 것이니 약간의 자금만 마련하면 백만장자가 되는 것은 시간문제일 뿐이라는 망상이었다. 문제는 바로 거기에 있었다. 온라인에서 얻을 수 있는 정보가 모두 사실이라는 믿음 자체가 큰 망상이었던 것이다.

인터넷은 막대한 권력을 휘두르는 사이버 공간의 전제 군주다. 인터넷이 그 모습을 드러낸 뒤 기존의 모든 정보 전달 선은 대중의 신뢰를 잃고 있었고 그것은 인터넷을 통해 제공되는 정보의 참과 거짓을 판단해 줄 마땅한 수단이 없음을 의미했다. 따라서 전문가가 아닌 일반 대중은 온라인의 정보를 무조건 사실로 받아들일 수밖에 없었다. 경제, 특히 주가는 끊임없이 변화하는 유기체다. 온라인에서 직접적·간접적으로 고객들에게 특정한 주식을 매입하기를 권하는 담당자들이 과연 진실만을 말하고 있는지, 혹은 전문가들의 조언이 첨가된 경우라도 과연 미래의 장세가 그들의 장담대로 전개될 것인지 아무런 보장도 없는 상태에서 일반 투자자들은 호주머니를 털었다. 결국 잘못된 결과에 대한 책임은 온전히 투자자의 몫으로 돌아왔다.

망상에서 비롯한 행동에는 종종 긴장과 초조가 뒤따른다. 요즘

많은 대기업의 경영 전략에서 그런 긴장과 초조를 어렵지 않게 읽어 낼 수 있다. 인터넷의 세계를 초월한 보급과 그에 따른 기술주의 약진으로 '제3차 산업 혁명' 시기인 오늘날 IT 기업의 지출은 엄청나게 늘어났다. 그러나 그러한 지출이 모두 생산성 향상과 직결되는 것은 아니다. 그 가운데 일부는 두려움에서 비롯한 출혈에 불과하다. 경쟁 기업에서 기술 개발에 엄청난 자금을 투입해 대박을 터뜨리게 될지도 모른다는 초조한 마음이 그 두려움의 실체라고 할 수 있다.

 망상에서 비롯한 행동은 부작용을 가져오기 마련이다. 대개의 경우 경쟁은 결코 나쁜 것이 아니다. 자유 시장의 본질은 바로 경쟁에 있다. 그러나 위에서 언급한 '밥그릇 보존'을 위한 경쟁은 소모적일 뿐이다. 연구는 과학 기술 진보의 원동력이다. 제대로 된 연구 결과를 얻기 위해서는 그만한 투자를 해야 한다. 세계적인 차원에서 볼 때 기업이 한 가지 과제를 놓고 경쟁하면서 불필요하게 겹쳐지는 연구를 하는 것보다는 공동으로 연구를 진행하는 것이 바람직하다. 오늘날 세계 경제를 이끄는 몇몇 기업조차 여전히 연금술사를 고용하고 있는 것 같은 느낌을 지울 수 없다. 경쟁 기업에서 '현자의 돌'을 찾기 전에 먼저 찾아야 한다고 그들을 채근하는 소리가 들리는 듯하다.

11장
망상의 늪에 빠진 연금술사

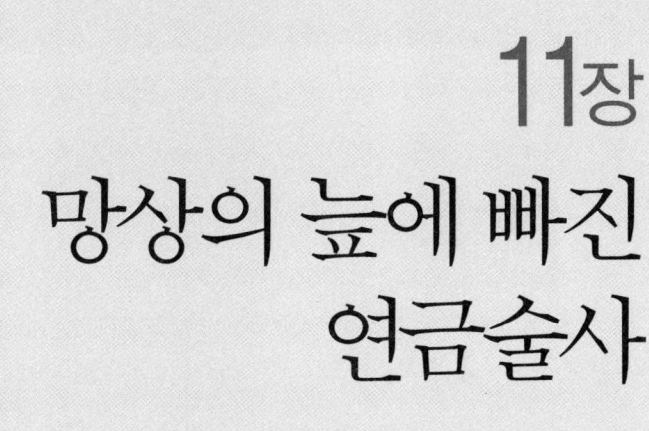

 **현자의 돌을 찾아서**

연금술은 인류를 사로잡았던 망상 가운데 가장 끈질긴 역사를 가지고 있다. 앞에서 살펴보았듯이 연금술은 평범한 돌멩이나 값싼 금속을 금으로 바꾸는 힘을 가졌다는 '현자의 돌'을 찾는 과정에 그 기초를 두고 있다.

그러나 현대 과학, 특히 오늘날의 화학은 연금술의 이론이 허위에 불과하다는 사실을 입증했다. 하지만 화학, 수학, 물리학 등의 학문이 각자 체계를 이루어 발전하기 시작한 것은 지금으로부터 불과 200~300년 전이었다. 그 이전까지는 특별한 전공이 따로 존재하지 않았으며 물리적 세계에 관한 지식을 추구하는 행위는 오늘날처럼 과학이 아닌 철학의 영역에 속해 있었다. 다만 당시에도 연금술만은 분리되어 독립적 분야로 인식되고 있었다. 연금술은 엄청난 것을 약속했던 학문이었다. 그 당시의 과학자들 가운데 연금술의 영역을 넘나들지 않은 사람은 거의 없었다.

현자의 돌을 찾는 과정에는 어떤 원칙도 없었다. 연금술사들은 화로 안에 이런저런 물질들을 섞어 넣고 녹이는 과정에 대부분의 시간을 소비했다. 그 이외에 갖가지 주문과 부적이 첨가되었고 별의 움직임 또한 중요한 역할을 한다고 믿었기에 점성술까지 동원되었다.

연금술사 가운데 현자의 돌을 발견했다고 주장한 사람들도 간혹 있었지만 그들의 주장을 뒷받침할 만한 증거는 존재하지 않았다. 당시에는 누구라도 연금술사가 될 수 있었다. 아무도 알아듣지 못하는 라틴어 투의 주문을 웅얼거리며 유별난 행동을 하는 것이 자격 요건의 전부였기 때문이었다.

가톨릭에서는 초창기 연금술에 대해 이렇다 할 입장을 표명하지 않았다. 사실 연금술사 중에는 성직자도 많았다. 모든 금속의 순수한 형태가 금이라는 것이 연금술의 기본 원리다. 따라서 금이 아닌 금속은 병들어 있는 것이며 금을 만들기 위한 연금술사의 노력은 곧 그 치료법을 찾는 것이었다. 교회의 입장에서는 그런 연금술의 논리를 환영할 만했다. 인간은 순수하게 태어나지만 살아가면서 죄악으로 오염되므로, 그 죄를 씻어내고 순수한 원래 상태로 인간을 돌리기 위해 교회가 존재한다는 교회의 명분론을 충실하게 반영하기 때문이었다.

그러나 어느 정도 시일이 지나면서 교회는 연금술에 대한 우려를 표명하게 되었다. 그것은 연금술의 거듭된 실패로 인한 실망과 회의 때문만은 아니었다. 그보다 더 큰 이유는 좌절감에 빠진 연금술사가 목적을 이루기 위한 몸부림 속에서 악의 힘에 의지할 위험이 다분했기 때문이었다.

과학 발전에 기여한 연금술사 - 파라셀수스

　대부분의 연금술사들이 사기꾼이라는 비난을 면하기 어려웠지만, 그중에서도 과학 발전에 기여한 몇몇 연금술사도 있었다. 1493년 스위스에서 태어난 연금술사이자 의사였던 파라셀수스Paracelsus 역시 그런 인물 가운데 하나였다.

　16세기 초 의학은 과학의 범주에 속해 있지 않았다. 신경 체계나 혈액의 순환 같은 인체에 관한 가장 기본적인 상식조차 알려지지 않은 상황이었다. 또한 가난한 사람들은 의사의 진료나 처방을 받을 여유가 전혀 없었고, 치료를 받는다고 해 봐야 고대 희랍 의사의 처방을 그대로 따르는 수준이었다. 그런 풍토에서 파라셀수스는 돋보이는 존재가 아닐 수 없었다. 그는 자신감으로 가득 찬 인물이었다.

　파라셀수스는 지금까지의 모든 의학적 행위나 기록이 쓰레기일 뿐이며, 자신이 세상에서 가장 위대한 의사라고 선언했다. 또한 파라셀수스는 의학 세미나를 개최해 다른 의사의 거짓된 치료법을 낱낱이 입증했다. 이제 파라셀수스와 함께 새로운 의학의 장이 열리려는 상황이었다. 그는 새로운 치료법을 개발해 임상에 활용함으로써 자신이 제일이라는 선언을 입증하려고 노력했다. 그 가운데 하나는 수은을 이용하는 치료법이었다. 파라셀수스가 그 치료법을 특허받았더라면 그의 후손들은 엄청난 부를 누렸을 것이다. 수세기 동안 매독 치료법의 필수 요소가 바로 수은이었기 때문이다.

파라셀수스는 약리학의 선구자다. 그는 특정한 유기 합성물이 인체의 기능에 영향을 미친다는 사실을 발견했다. 그러나 의학이나 약리학보다 그의 관심을 사로잡았던 것은 인류와 우주를 하나로 묶을 수 있는 '불변의 법칙'을 발견하는 과업이었다.

파라셀수스는 대중적이면서도 대중의 반응을 두려워하지 않는 인물이었다. 그는 어느 자리에서건 간에 사람들을 불쾌하게 만들 수도 있는 사실을 밝히는 데 거리낌이 없었다. 게다가 파라셀수스는 지식인들의 공용어인 라틴어 대신 자신의 모국어인 게르만어를 구사했다. 당시 교양인들의 귀에 거슬리는 걸쭉한 사투리로 자신의 주장에 심취해 신랄하게 입을 놀렸던 그였기에 자연히 등을 돌리는 사람들이 많을 수밖에 없었다. 때맞춰 개발된 새로운 인쇄술은 그의 저서와 악명 또한 유럽의 지식인들에게 널리 전파해 주는 매개가 되었다.

하지만 파라셀수스가 진정으로 원했던 것은 의사가 아닌 연금술사로서의 명성이었다. 실제로 연금술의 역사에 남긴 그의 족적은 그가 이룬 의학적 업적을 능가할 만큼 탁월했다. 파라셀수스는 자신이 값싼 금속을 금으로 바꾸는 방법을 발견했다고 주장했다. 인간이 우주를 지배하는 힘에 자기 자신을 온전히 바치게 되면 그 대가로 금을 만드는 방법을 깨닫게 되며 또한 수백 년을 늙지 않고 살아갈 수도 있다는 것이다.

파라셀수스는 자신이 연금술을 연구하는 것은 결코 돈 때문이 아니라 보다 숭고한 소명을 이루기 위해서라고 단언하곤 했다. 그러나 그의 실제 생활은 자신의 주장과는 거리가 멀었다. 여자와 술을 즐겼던 파라셀수스는 벌어들이는 돈을 모두 향락을 위해 퍼부었다.

 비극의 연금술사 – 존 디

1572년에 영국에서 태어난 존 디John Dee는 과학자로서 줄곧 탄탄대로를 걸었던 인물이다. 젊은 시절 이미 영국의 에드워드 6세Edward VI로부터 연금을 하사받을 정도로 당시 유럽에서 그의 명성은 드높았다. 디는 하루에 열여덟 시간씩 연구에 몰두했으며 그의 집 서재에는 온갖 책이 빼곡했다. 그렇게 모은 장서로 왕립, 혹은 국립 도서관을 설립하는 것이 그의 바람이었다. 하지만 아쉽게도 그 바람은 생전에는 이루어지지 않았다. 다만 디가 죽고 145년이 흐른 뒤, 그때까지 보존되어 있던 그의 장서는 당시 신설된 대영 박물관에 소장되었다.

디는 오로지 학문만을 추구하는 학자가 아니었다. 그는 엄청난 양의 독서와 연구를 통해 쌓은 지식을 일반 사람들의 생활의 편의를 꾀하는 데 적극적으로 활용했고 그로 인해 자신의 명망이 두터워지는 것을 즐겼다.

디가 영국 왕실에 그레고리력을 따르자고 제안한 배경에는 자신을 압박하는 시간의 흐름을 조금이라도 누그러뜨리려는 계산도 한몫하고 있었다. 단순한 수치상의 문제지만 그렇게 되면 거의 200년을 앞서 살아갈 수 있기 때문이었다. 그는 또한 지리에도 많은 관심을 가지고 있었으며 실제로 지도 제작과 항해도 작성에도 탁월한 소질이 있었다. 디는 '대영 제국'이라는 발상을 엘리자베스 1세Elizabeth I에게 올렸고 여왕은 지대한 관심을 보였다. 우연의 일치일까, 그가 죽은 200년 뒤에 대영 제국은 세상에 모습을 드러내게 되었다. 디는 전 생애에 걸쳐 엘리자베스 여왕의 총애를 받았다. 한번은 여왕이 디의 장서를 구경하기 위해 직접 그의 집을 방문하기도 했는데 이는 정말로 드문 일이었다.

수세기 동안 세상은 디를 괴짜라고 평가했다. 그러나 최근 들어 디가 다시 평가되면서 오늘날 디는 역사상 가장 위대한 과학자 뉴턴과 종종 비교되곤 한다. 두 사람 모두 각자의 시대를 대표하는 과학자였고 연금술에도 관심이 있었다. 다만 디의 경우 그 관심이 너무나 깊었던 것이 문제였다.

뉴턴과 마찬가지로 디 역시 헤르메스 철학의 신실한 추종자였다. 앞에서도 언급했듯이 헤르메스는 예수의 강림을 예언했다고 알려져 있다. 비록 정통으로 인정받지는 못했지만 헤르메스 신앙은 기독교와 대등한 위치에 오를 수도 있었던 신앙 체계였다. 디는 한때 영국 성공회 목사로서 기독교의 교리를 전파하기도 했다. 그러나 그는 한 분파의 종교가 하늘의 계시를 독점할 수 있다고는 생각하지 않았다. 디가 믿는 종교는 전 세계를 포용하는 관용이 중심이어야 했다.

디의 시대에도 앞날을 알고자 하는 인간의 욕구는 지금과 다를 바 없었고 따라서 점성술이 유행이었다. 디는 그 시대의 가장 유명한 점성가였고, 메리Mary 여왕의 임종 날짜를 큰 차이 없이 예언하기도 했다. 메리 여왕의 동생인 엘리자베스 여왕은 디의 신비한 능력에 매료된 나머지 그가 길일이라고 지정한 날짜에 자신의 대관식을 거행했다.

디의 관심은 전적으로 물질에만 국한된 것이 아니었다. 단순히 엄청난 부를 이루기 위해 그가 연금술에 심혈을 기울인 것도 아니었다. 디는 일단 현자의 돌을 찾아내면 금을 얻게 될 뿐만 아니라 천사와 의사소통할 수 있다고 믿었다. 영적인 존재는 모든 것을 알고 있기에 세상의 모든 재물은 물론 세상을 다스릴 수 있는 지혜까지도 전해 받을 수 있으리라는 믿음이었다.

그 목적을 달성하기 위해서는 무엇보다도 먼저 현자의 돌을 찾아내는 것이 우선이었다. 그러나 신기루에 불과한 현자의 돌을 찾아내기란 불가능한 일이었고 제 발로 빠진 망상의 늪에서 허우적대던 디는 결국 그때까지 쌓은 명성을 한순간에 무너뜨릴 잘못을 저지르게 된다.

그는 어느 날 자신이 천사들에게 검은 크리스털 공을 받았는데 그 공을 뚫어지게 바라보면 앞일이 보인다고 말했다. 디가 유도한 망상에 빠진 사람들은 앞 다투어 그에게 몰려갔다. 그들에게 앞날을 전해 주는 대가로 디는 상당한 재물을 챙길 수 있었다. 그러나 그 역시 파라셀수스처럼 생기는 대로 써버리는 스타일이었기에 항상 돈에 쪼들리기는 마찬가지였다.

디의 사기극에는 켈리Kelley라는 또 한 사람의 주연 배우가 있었다. 전직 변호사였던 켈리는 언제나 검은색 털모자를 눌러쓰고 다녔다. 두 차례의 문서 위조 혐의로 당시의 처벌 규정대로 한 번에 한 쪽씩 양쪽 귀를 모두 잘렸기 때문이었다. 디의 주장에 따르자면 켈리의 역할은 천사들과 교신해서 그 내용을 디에게 알려 주는 일이었다.

디와 켈리가 일으킨 사회적 물의는 여왕을 비롯한 고위층 인사들에게는 골칫거리였다. 결국 디는 영국을 떠나 유럽 대륙으로 건너가도록 권유받았다. 연금술사로서의 디의 명성은 이미 전 유럽 대륙에 퍼져 있었다. 연이은 전쟁으로 인해 재정적으로 심한 고통을 받고 있던 유럽 대륙의 군주에게 돌멩이를 금으로 바꾸는 디는 환영받을 존재였다. 그는 후원자들에게 엄청난 부와 영원한 젊음을 약속했다. 그리고 오로지 한 사람의 군주가 전 유럽을 다스릴 것이라는 천사의 예언을 전했다. 아울러 현자의 돌을 찾을 사람은 오로지 자신뿐이며 다만 시간과 자금이 조금 더 필요할 뿐이라고 유혹했다. 디는 새로운 후원자를 만나면 예전의 후원자와 즉시 결별했다. 물론 들통 나기 전에 재빨리 자리를 옮겨야 한다는 계산에서였다. 신빙성 있고 신속한 통신 수단이 없던 시대 상황을 교묘히 이용해서

디는 몇 차례 맞닥뜨린 위기에서 벗어나며 대륙에서의 영화로운 삶을 이어갔다.

그러나 디와 켈리의 밀월은 대륙에서 종막을 고했다. 켈리의 인격적인 결함을 내내 못마땅해 하던 디는 켈리가 천사가 전한 말이라며 서로 아내를 바꿀 것을 제안하자 그 자리에서 헤어졌다. 이제 디는 더 이상 천사들과 교신할 수 없었다. 검은 크리스털 공을 아무리 뚫어져라 쳐다보아도 하늘에서는 아무런 응답이 없었다.

유럽 대륙의 거의 모든 왕족을 우롱한 데다가 켈리와도 헤어져 앞길이 막막하던 디에게 뜻밖의 반가운 소식이 날아들었다. 여왕이 영국으로 돌아오라고 전갈을 보낸 것이다.

하지만 다시 영국으로 돌아온 디는 돈 문제로 끝없이 여왕을 괴롭혔고 마지못한 여왕은 그를 맨체스터의 한 대학의 학장으로 임명했다. 디는 그 지위를 발판으로 삼아 학자로서의 명성을 되찾으려 했지만 그는 아득히 넓고 끝없는 바다에 홀로 떠 있는 섬처럼 고립되어 있었다. 물론 섬으로 통하는 모든 다리를 불태워 버린 것은 다름 아닌 그 자신이었다. 영국을 떠나기 전까지 디가 작성했던 연구 자료와 마련해 두었던 실험 장비들은 대부분 분실되거나 훼손된 상태였다.

1603년 엘리자베스 여왕이 세상을 떠나자 디는 마지막 보루마저 잃은 신세가 되었다. 여왕이 죽고 5년 뒤, 디는 가난 속에서 쓸쓸히 눈을 감았다.

 **연금술의 몰락**

근대 과학의 발전으로 연금술사들은 설 자리를 잃게 됐다. 혈액의 순환을 발견한 윌리엄 하비William Harvey나 뉴턴과 같은 위대한 과학자도 비록 공공연히 드러내지는 않았지만 디에 대해 일종의 경외심을 품고 있었다. 그러나 시간이 흐를수록 연금술사를 보는 세상 사람들의 시선은 험악해져 갔다. 그렇다고 해서 연금술사가 완전히 자취를 감춘 것은 아니었다. 20세기에도 여전히 현자의 돌이나 불로장생의 묘약을 찾는 몇몇 괴짜들에 의해 그 명맥이 근근이 유지되고 있었다.

파라셀수스와 디 모두 연금술이라는 망상의 희생자였다. 다만 파라셀수스는 자기 자신만을 속인데 반해 디는 다른 사람까지 망상의 희생자로 만들었다는 것이 차이점이다.

이제 연금술은 역사의 뒤안길로 사라지고 있지만 오늘날에도 그 흔적을 어렵지 않게 찾아볼 수 있다. 대수롭지 않은 적은 돈을 투자해서 엄청난 부를 이룰 수 있다는 망상이 여전히 살아 있는 것이다. 도박 혹은 사재기 등이 그 좋은 예다.

디는 세상을 바꿀 수 있는 대발견을 늘 눈앞에 두고 있다고 주장했다. 언제나 필요한 것은 인내와 자금이었다. 오늘날의 몇몇 주식도 마찬가지다. 눈앞에 엄청난 수익을 두고 있으면서도 결코 그것을 얻지 못하고 있으니 말이다.

오늘날 우리는 천사와 교신했다는 디의 이야기를 믿지 않지만 그 당시에는 내로라하는 지식인도 디의 주장을 사실로 받아들였다. 오늘날 대부분의 사람들은 다단계 판매나 기적의 주식이 주는 엄청난 수익성에 대한 선전을 외면한다. 하지만 그런 과대 선전을 그대로 믿고 빠져드는 사람들이 반드시 있기 마련이다.

연금술의 논리는 비이성적이지만 어떤 주장을 반복해서 듣다 보면 그 주장에 이성적인 측면이 부족하다는 사실을 잊어버리게 된다. 당시 대중의 눈에 비친 연금술사들은 지적으로나 기술적으로 엄청난 능력을 지닌 존재였지만 오늘날 우리는 그들 가운데 대부분이 망상에 빠진 바보거나 사기꾼이라는 사실을 잘 알고 있다. 그러나 그 시절 그들의 주장에 귀를 기울였던 사람들은 그들을 현자로 여겼다.

연금술사들은 대중의 무지를 적절히 활용해서 현재보다 더 나은 미래를 약속하며 망상의 늪으로 유도했다. 현대의 사기꾼들 또한 같은 방법을 사용하고 있다.

"우리가 세상을 바꿀 수 있다. 이성은 잠시 접어 두자. 어쩌면 우리는 지금까지 이성에 관해 잘못된 인식을 가지고 있었을 수도 있다."

어린아이들은 동화의 세계를 믿는다. 그러나 성장하면서 그 세계를 벗어나게 된다. 산타가 꼭 굴뚝을 타고 내려오지는 않는다는 사실을 알게 된 뒤, 얼마의 시간이 지나고 나면 산타가 존재하지 않는다는 사실을 깨닫게 되고 현실의 세계를 살아가게 된다. 하지만 그렇다 하더라도 동화의 세계에 대한 향수가 영원히 사라지는 것은 아니다.

12장
국민들의 망상을 이용한 독재자

 **부두교의 파파 독**

카리브 해에 위치한 아이티는 서반구에서 가장 가난한 나라다. 18세기 후반 오랜 투쟁 끝에 프랑스의 지배에서 벗어나 독립했지만 그 뒤에도 여전히 일반 대중은 절대적 빈곤에 허덕이며 교육의 기회를 전혀 갖지 못했다. 그들은 자급자족의 수준에도 못 미치는 농업에 종사하거나 아이티의 수도 포르토프랭스를 비롯한 몇몇 대도시 변두리의 판자촌에서 그날그날을 겨우 살아갔다.

엘리트층의 종교는 정통 가톨릭이었다. 도시 빈민층 역시 명목상 가톨릭 교도였으나 그들은 가톨릭 교리에 아프리카 토속 신앙이 접목된 종교를 받들고 있었다. 이 변형된 종교가 바로 부두교다.

부두교는 유일 신앙 체계지만 그 주신을 보좌하는 '로아'라고 불리는 정령과 사령을 숭배한다는 점에서 다신교의 모습을 지니고 있다. 로아와의 교감은 부두교의 사제인 '호운간'이 주도하는 의식을 통해 이루어진다. 참가자들 가운데 한 사람에게 신이 내리면서 의식은 절정을 이룬다. 로아를 맞이한 사람은 자신을 통제할 능력을 잃어버린 채 신의 지시에 맹목적으로 순종하게 된다. 주술이 풀릴 때까지 좀비와도 같은 존재가 되는 것이다.

부두교는 종교의 형태를 갖추지 못했고, 성직의 계급 제도와 경전 또한 존재하지 않지만 아이티의 대다수 국민에게 막강한 영향력을 행사한다. 부두교의 교리는 현실과 숙명을 받아들이고 권위에 절대적으로 복종할 것을 가르친다.

아이티는 의료 기술과 인력이 절대적으로 부족하기 때문에 그 나라에서 의약업에 종사하는 사람들은 대단한 존경을 받는데 이런 상황을 이용해 한 사람의 독재자가 출현했다.

의사인 프랑수와 뒤발리에Francois Duvalie는 아이티에 널리 번진 요오스(감염에 의한 피부 질환)의 치료법을 개발해 대단한 명성을 얻었다. 뒤발리에는 또한 부두교에 심취해 그에 관한 많은 저술을 남겼는데 그 업적 덕분에 그는 '파파 독papa doc'이라는 국민적 애칭을 얻었다. 뒤발리에는 소수 엘리트 집단이 국정을 경영할 때 발생했던 고질적 폐해를 깨트리고 나라의 부를 보다 균등하게 분배하겠다는 공약을 내세우며 정치에 입문했다. 1957년 그는 압도적인 표 차이로 경쟁자들을 누르고 아이티의 대통령에 당선됐다.

대통령이 되자 뒤발리에는 모든 권력을 자신에게 집중시켰다. 군대를 자신의 충직한 사병 집단으로 만들었고, 시기가 무르익었다고 판단되자 스스로 종신 대통령직에 올랐다. 정치적 경쟁 상대는 사회에서 매장시키거나 제거해 버렸다. 그에게 가장 위협적인 존재는 가톨릭 교회였다. 교회를 무력화하기 위해 뒤발리에는 노골적으로 교회를 비방했고 결국에는 포르토프랭스의 대주교를 국외로 추방했다. 그의 통치에 어떤 식으로든 불만을 드러내는 상대는 혹독한 고초를 겪어야 했으며 끝까지 버티는 사람은 가차없이 처단되었다. 무사히 망명 길에 오를 수 있었던 사람들 가운데 일부는 망명정부를 조직해 뒤발리에 정권을 뒤집어 엎으려 했다. 상당수의 전문인과 기술자가 보다 안전하고 풍요로운 삶을 찾아 조국을 등졌기 때문에 아이티는 인력난으로 허덕여야 했다. 뒤발리에 통치 아래에서 아이티 국민들의 생활은 이전보다 훨씬 궁핍해졌다. 그럼에도 대부분의 국민은 여전히 뒤발리에를 믿고 따랐다. 아이티 방방곡곡의 건물 벽에는 '뒤발리에는 신'이라는 내용의 낙서가 도배되어 있었다. 언젠가 뒤발리에는 자신의 독재에 저항하는 대중을 향해 이렇게 선언했다.

"나는 보통 사람과는 다른 물질로 만들어진 존재기 때문에 아무도 나를 해칠 수 없다."

많은 대중들은 그를 죽음의 신 '바론 사메디'의 현신으로 믿었다. 바론 사메디는 자신을 믿는 사람에게는 복을 가져다주고 자신의 뜻을 거스르는 사람에게는 고통을 안겨 주는 로아다. 그런 식으로 뒤발리에에 대한 망상적 이미지는 그의 독재 정권을 유지하는 버팀목이 되었다.

뒤발리에는 경찰권 역시 마음대로 주무르며 '국가 안전 보위대'라는 명목으로 모든 조직을 사병화했다. '통통 마쿠트'라고 불리는 그들의 주된 임무는 반란 음모 가담자, 혹은 불평분자를 색출하는 것이었다. 그들은 피의자를 처벌할 수 있는 재량권까지 가지고 있었다.

통통 마쿠트의 조직원 대부분은 부두교 교도였다. 지휘관은 호운간이었고 대원들은 로아에게 혼을 빼앗긴 상태였다. 일단 신이 들리면 자기 스스로를 통제할 수 없게 된다. 그런 상태로 통통 마쿠트는 사소한 비방에서 내란 음모에 이르기까지 파파 독에 반대하는 세력을 색출하기 위해 혈안이 되어 있었다.

파파 독에 의한 독재 정치는 망상에 의해 가능했다. 특히 뒤발리에의 이미지와 연관된 몇 가지 망상은 지극히 원시적이고 비이성적이었지만 그 영향력은 막강했다. 뒤발리에는 자신이 인간을 초월한 존재라는 신화적 망상을 날조해서 반복적으로 국민들에게 각인시켰다. 통통 마쿠트는 뒤발리에가 모든 피의자를 조사하는 현장에 참석해 그 과정을 낱낱이 지켜본다는 소문을 퍼뜨렸다. 또한 뒤발리에가 국민 개개인 모두를 잘 알고 있으며 때때로 금전적으로 도움을 주거나, 병을 낫게 해 준다고 믿게 했다.

뒤발리에는 자신이 곧 아이티 국가 자체라고 선포했다. 이어 부두교의 교리를 기본으로 하고 그 중심에 자신이 있는 새로운 종교를 탄생시켰다. 학교에서는 새로 바뀐 기도를 가르쳤다.

이 땅의 낙원에 임하신 우리의 독,
당신의 이름이 현세와 후세 그리고 만대에 걸쳐 거룩하게 칭

송되며, 당신의 뜻이 하늘에서와 같이 포르토프랭스에서도 이루어지나이다. 오늘 저희에게 새로운 아이티를 열어 주시고, 이 땅에 침을 뱉는 매국의 무리들의 광란을 결코 용서하지 마옵소서. 그들을 악의 유혹에 굴복하게 하시고 그들이 품고 있는 독에 스스로 중독되게 하시어 영원한 어둠 속에서 헤어 나오지 못하게 하소서.

젊은 시절 시인으로 명성을 날리기도 했던 뒤발리에는 항상 외로운 수도자의 분위기를 풍겼다. 그의 통치 기간 동안 엄청난 액수가 국고에서 빠져나갔지만 뒤발리에 자신은 평생 검소한 삶을 살았다. 그를 직접 만나 본 많은 외국인들은 그의 공손함과 인간적인 매력을 칭찬하곤 했다. 하지만 뒤발리에는 10만 명에 이르는 사람을 살해한 독재자였다. 뒤발리에가 죽은 뒤 그의 무덤은 순례지가 되었으나 1986년에 반정부 폭동으로 인해 크게 훼손되었다.

 적도 기니의 최악의 독재자

서아프리카에 위치한 적도 기니는 사하라 사막 남쪽 지역의 유일한 스페인의 식민지였다. 적도 기니의 영토는 아프리카 대륙의 일부와 다섯 개의 섬을 포함했는데 그 가운데 하나인 페르난도포 섬은 코코아 재배가 알맞은 곳으로 유명하다.

1960년대 적도 기니의 국민 소득은 아프리카에서 최고 수준이었다. 하지만 그 모든 것이 1968년 독립과 함께 모두 바뀌었다.

초대 대통령 프란시스코 마시아스 응게마Francisco Macias Nguema는 주술 치료사의 아들로 선대의 마법적 능력을 물려받은 것을 자랑스러워했다. 적도 기니 백성들의 '유일한 아버지'임을 자처했던 그는 자신이 표범과 인간의 모습을 모두 갖춘 변덕스러운 신으로 기분이 좋을 때면 엄청난 행복을 가져다주지만 그렇지 않을 때면 무시무시한 재앙을 내릴 수 있는 권능을 지녔다는 망상에 빠져 있었다.

마시아스는 걸핏하면 이성을 잃은 채 잔인한 폭력을 휘둘렀다. 그런 성향 때문에 그는 미국과 스페인 등지에서 정신과 치료를 받기도 했다. 또한 마시아스는 늘 극심한 두통을 호소했다. 권좌에서 쫓겨나기 직전 불과 50대 초반의 나이였지만 당시 찍은 몇 장 안 되는 사진에서의 모습은 70대 후반의 노인처럼 보였다. 어쨌든 그가 정신질환을 앓고 있었던 것만은 분명한 사실이고 그로 인해 세상을 보는 시각은 극도로 왜곡되어 있었다.

마시아스가 손쉽게 권좌에 오를 수 있었던 배경에는 그가 적도 기니 최대 규모인 팽 부족 출신이라는 점이 크게 작용했다. 일단 권력을 잡은 마시아스는 모든 반대 세력을 불법 집단, 불온한 세력으로 선포했다.

아이티의 경우와 마찬가지로 그의 통치에 가장 위협적인 존재는 가톨릭 교회였다. 가톨릭 성직자는 대부분 국외로 추방당했다. 국내에 남아 있던 몇 안되는 성직자들은 '마시아스 없이는 모든 것이 무의미하며, 마시아스를 통해 모든 것이 비로소 의미를 갖는다.'라는 구절로 미사 강론을 시작해야 하는 굴욕을 감수해야 했다. 어느 정도 시일이 지난 뒤 마시아스는 '사이비'라는 이유를 들어 가톨릭 신앙을 아예 불법으로 선포하고 금지령을 내렸다.

그는 '마시아스 청년단'이라는 조직을 통해 정권을 유지했다. 그 집단에게는 적을 뜻대로 처분할 수 권리가 부여되었다. 이는 언제 어디서든 재판 없이도 그 자리에서 바로 처분이 가능했음을 의미한다.

페르난도포 섬은 마시아스 섬으로 이름을 바꿨고 마시아스는 '유일한 기적'을 비롯해 30여 개에 달하는 희한한 별칭을 스스로에게 내렸다. 대외 가치가 떨어지고 있던 적도 기니의 화폐에 마시아스의 얼굴이 새겨진 것은 물론이었다.

편집증 환자였던 마시아스는 늘 생명의 위협을 느끼고 있었다. 집권 당시 '정부 전복 음모'는 거의 한 달 간격으로 적발되었다. 그리고 그때마다 공포 정치는 더욱 강화되었다.

마시아스는 자신이 신령과 연결되어 있기에 어떤 위험으로부터도 안전할 수 있다는 망상을 퍼뜨렸다. 그러나 마시아스는 역사상 그 어느 통치자보다 더 위험한 처지에 놓여 있었다. 그 사실을 마시아스 본인도 잘 알고 있었기에 말년에 이르러서는 아예 공식 석상에 모습을 드러내지 않은 채 금과 대리석으로 장식된 거대하고 화려한 대통령 궁에서 나오지 않았다.

마시아스가 통치하던 기간 동안 과거에 누렸던 경제적 영화는 자취를 감추었다. 농장은 국유화되고 코코아 생산은 급격하게 줄었다. 코코아 농장의 주된 인력이었던 나이지리아 농업 이민자들을 마시아스가 모두 추방했기 때문이었다. 그뿐만 아니라 적도 기니에서 기술 인력의 핵심을 이루고 있던 스페인 사람들까지도 모두 내쫓아 버렸다. 나이지리아 노동자의 빈자리를 채우기 위해 지역 주민들이 강제적으로 동원됐다. 그들에게는 최소한의 임금도 지불되지 않았다.

한편 '지상의 낙원'을 탈출하려는 어리석은 사람들의 시도를 미리 막기 위해 마시아스는 나라 안의 모든 선박을 파괴하라는 명령을 내렸다. 적도 기니의 수산업이 결정적인 타격을 입게 된 것은 당연한 결과였다. 하지만 마시아스 개인은 엄청난 부를 쌓았다. 국외로 망명하거나 살해된 사람들의 재산을 몰수했기 때문이었다. 그는 자신을 중앙은행의 총재로 임명하고 국가의 준비금을 자신의 침실에 보관했다. 중앙은행의 수익금은 주 단위로 마시아스에게 직접 바쳐졌다.

11년에 걸친 마시아스의 독재 정치는 자신의 조카가 주도한 반란에 의해 끝맺었고 마시아스는 형장의 이슬로 사라졌다. 그가 권좌에서 쫓겨난 1979년 당시의 통계에 의하면 적도 기니 국민의 3분의 1이 해외로 망명하거나 살해된 상태였다. 기간산업도 모두 피폐한 상태에 이르러 나라에서 정상적으로 가동되고 있던 공장은 오직 한 군데밖에 없었다.

집권 기간 동안 마시아스의 행태는 외신 기자의 보도대로 '한 미치광이의 발작'에 다름 아니었다. 한때 그는 이런 성명을 발표한 적이 있다.

"우리 적도 기니 국민들은 가난하지 않다. 우리는 부자다. 우리의 발밑에는 엄청난 양의 석유가 출렁거리고 있다."

실제로 적도 기니의 석유 매장량은 엄청나다. 또한 현재 사하라 사막 주변의 아프리카 국가에 대한 미국의 투자 순위에서도 네 번째를 차지하고 있다. 그럼에도 불구하고 적도 기니의 국민들은 여전히 궁핍한 삶을 이어가고 있다.

마시아스가 미치광이라는 사실에는 의문의 여지가 없다. 마시아스를 보좌하는 사람들조차도 그가 이성을 잃고 화를 낼 때면 공포에 질리곤 했다. 그의 정신 상태는 늘 불안정했기에 누구든 졸지에 화풀이 대상이 될 수 있었기 때문이다. 또한 마시아스는 자신이 국가의 수호자임을 자처했기 때문에 국가와 국민은 그의 건강과 안녕에 절대적으로 의지해야 했다.

유도하는 사람과 당하는 사람이라는 측면에서 볼 때 망상은 수동적인 모습과 능동적인 모습으로 나누어진다. 그러나 망상으로 이끄는 사람이 자가 망상에 빠져 있는 경우가 많은 까닭에 그 두 가지 망상의 모습이 서로 배타적일 필요는 없다. 적도 기니의 마시아스는 단지 하나의 예에 불과할 뿐 권력을 잡기 위해 망상을 활용한 인물들은 그 말고도 수두룩하다. 그들은 자신과 자신의 능력에 관해 대중의 망상을 이끌었다. 그리고 일단 권좌에 오른 뒤로는 자신의 약점을 감추기 위해 망상을 유지하는 데에 총력을 기울였다.

13장
대중의 눈을 가린 마녀 사냥

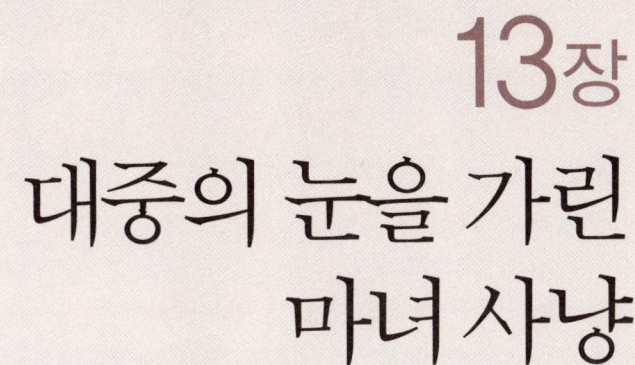

 보이지 않는 적

아득히 먼 옛날부터 어둠의 힘은 끊임없이 인간을 괴롭혀 왔다. 전쟁, 전염병, 기근 등 끝없이 이어지는 재난으로 인류는 어느 한순간 편안할 날이 없었다. 사람들은 재난이 닥친 까닭을 보이지 않는 악의 힘이 작용했기 때문이라고 믿었다. 여기서의 악이란 매우 포괄적인 개념으로 본질적인 악이나 재난만이 아니라 사회의 일반적 기준에 적합하지 않는 모든 행동이나 모습을 포함하고 있다. 중세에는 교회가 규정해 놓은 기본 틀에 어긋나는 개인이나 집단은 그 자체로 악이었다. 따라서 유럽의 유대인들은 수세기에 걸쳐 악의 세력으로 박해받아야 했다. 무슨 일이건 잘못 되기만 하면 비난의 화살은 곧장 그들을 향해 쏘아졌다. 전쟁에서 패하거나 그릇된 정치로 인해 민심이 술렁거리면 지배층에서는 유대인에게 어떤 식으로든 누명을 씌워 자신들을 향하는 일반 대중들의 분노를 벗어나곤 했다. 그러나 유대인보다 더 손쉬운 속죄양이 있었으니 그것은 바로 '마녀'였다.

마녀가 절대적인 악으로 지탄받게 된 것은 중세 말기의 가톨릭 신학자들이 내린 결정 때문이었다. 신학자들은 마녀가 악마를 숭배하고 그 세력을 세상에 널리 퍼뜨리기 위해 헌신하는 집단이며, 교회의 예배 대신 악마가 주도하는 의식에 참여하는 본질적으로 사악한 무리라고 규정지었다.

악마를 신봉하는 탓에 마녀는 초인적인 힘을 갖고 있다고 믿어졌다. 그들은 사람들을 병에 걸리게 만들 수도 있었고 곡식을 시들게 할 수도 있었으며 하늘을 날아다니는 것은 물론 모습까지도 마음대로 바꿀 수 있는 존재로 여겨졌다. 계몽이라는 먼동이 트기 이전, 그 시대에 설명할 수 없는 현상이나 재난을 어둠의 세력 탓으로 돌린 것은 어찌 보면 당연한 일이기도 했다.

마녀의 마술은 너무도 사악하고 강력한 것이라고 판단했기에 교회를 비롯한 지배층에서는 마녀를 특별한 방법으로 다스려야 한다는 결정을 내렸다. 아울러 정상적인 재판 과정도 생략되었다. 신고만 들어오면 다음 과정은 일사천리로 진행되었다. 신고한 사람의 신용이나 신고 내용의 신빙성은 중요하지 않았다. 마녀로 고발된 사람을 옹호하는 사람은 마녀와 마찬가지의 취급을 받았다. 따라서 피의자를 변호해 줄 사람은 없었다.

자백을 받아내기 위해서는 온갖 잔인한 고문이 동원되었다. 대개 신고자가 작성한 혐의 사실에 피의자가 동의하는 것이 자백의 절차였다. 사실인지 판단하기 위해 몇 가지 실험이 동원되었다. 그 가운데 하나는 피의자를 호수나 우물에 던져 넣는 것이었다. 가라앉으면 무죄고 뜨면 마녀였다. 유럽에서는 화형으로 그 죄를 다스렸다.

마녀의 육신은 철저히 파손되어야 한다는 믿음 때문에서였다.

마녀 고발 제도는 자신에게 거슬리는 인물을 제거하기에 더할 나위 없이 좋은 방법이었다. 수요가 공급을 낳듯 자연히 마녀 사냥꾼이라는 직업이 인기를 모았다. 17세기 중반 영국에서 '마녀 찾는 장군'이라는 별칭으로 불렸던 매튜 홉킨스Matthew Hopkins를 비롯한 많은 사람들이 마녀 사냥꾼으로 명성을 날렸다.

마녀 사냥은 또한 사회적으로 열등한 구성원을 제거하는 수단으로도 악용되었다. 육체적·정신적 장애로 인해 유별난 행동을 하거나 심지어는 단순히 흉한 외모를 가졌다는 이유로 많은 사람들이 마녀로 몰려 비참한 최후를 맞아야 했다.

당시 일반 사람들은 마녀의 존재를 두려워했다. 그러나 마녀에 대한 공포는 가끔씩 걷잡을 수 없는 폭력으로 뿜어 나오곤 했다. 악마가 세상을 집어삼키기 위해 모든 준비를 갖추었다는 소문이 돌면 '그들이 치기 전에 우리가 먼저 쳐야한다.'라는 구호 아래 대중들은 눈에 불을 켜고 마녀 사냥에 나서곤 했다. 그러한 선동의 드러나지 않는 부분에는 종종 사회적·정치적·경제적 이해관계가 얽혀 있었다. 마녀로 몰린 사람들 가운데 대부분은 용모가 추하거나, 혹은 질병에 걸렸거나 아니면 단순히 무능력한 독신 여성들이었다. 다시 말해 사회적으로 철저한 약자였던 것이다. 따라서 양심을 외면한 일반 사람들에게는 보복에 대한 별다른 두려움 없이 손쉽게 제거할 수 있는 존재들이었다.

앞에서도 언급했듯이 마녀를 옹호하는 사람 역시 혹독한 처벌을 받게 되어 있었기 때문에 상대가 영주건 부유한 상인이건 간에 마녀의 옹호자로 지목하는 것이 정치적·경제적 경쟁 상대의 입지를 뒤흔들어 놓는 하나의 방법으로 악용되었다. 경제 분야에서는 담합된 시장 가격보다 저렴한 가격으로 상품이나 서비스를 제공했던 상인이 마녀나 마녀의 옹호자로 지목받는 일이 비일비재했다.

한편 마녀와 맞닥뜨린 경험담을 담은 성직자의 저서가 연이어 출간되는 등 마녀에 대한 대중들의 공포와 분노를 부채질하는 지배층 인사의 선동 작업은 한동안 계속되었다.

마녀 사냥의 열기는 16세기 종교 개혁이 일어난 뒤에도 지속되었다. 새롭게 탄생한 여러 분파의 개신교 교회들은 경쟁이라도 하듯 가톨릭 교회보다 더욱 열심히 마녀 사냥에 주력했다.

새롭게 영국의 식민지로 개발되던 아메리카 대륙에서도 마찬가지였다. 1692년 매사추세츠 주의 세일럼이라는 조그만 개신교 마을에서 엄청난 참극이 발생했다. 네 살짜리 어린아이를 포함한 한 무리의 여인들이 마녀로 고발되면서 비극은 시작됐다. 그들은 모두 체포되어 심문을 받았다. 판결은 순식간에 이루어졌고 그 결과 열아홉 명이 교수형에 처해졌다.

처형이 끝난 뒤에 곧바로 혐의가 풀렸지만 이미 엎질러진 물이었다. 몇 년이 지난 뒤 그 재판이 위법이었음이 공식적으로 선포되었고 희생자들의 명예는 회복되었다. 1957년 매사추세츠 주 정부는 그 사건에 관해 공식적인 사과 성명을 발표했다.

마녀 사냥이라는 이름 아래 희생된 사람은 헤아릴 수 없을 만큼 많았다. 1589년의 어느 하루 동안 독일의 어떤 마을에서 화형에 처해진 사람만 백서른세 명이라는 기록도 있다. 다행히 화형을 면한 사람들도 고문에 의한 후유증 때문에 병원 신세를 져야 했다.

근대에 들어 과학이 발전하면서 마녀 사냥의 열기는 수그러들기 시작했다. 그때까지 마녀의 탓이라고 몰아붙였던 많은 재난과 질병의 정확한 원인이 과학이라는 등불 아래 하나하나 드러나기 시작했다. 이제 발전하는 과학의 혜택을 흠뻑 누릴 수 있는 지역의 사람들에게 마녀 사냥은 옛날 이야기가 되어 가고 있다.

 적색분자 사냥

전통적 개념의 마녀 사냥은 자취를 감췄지만 마녀 사냥에 동원되었던 방법은 20세기에 들어서도 독재 정권이나 선동자 집단의 치명적인 무기로 유지되고 있다.

스탈린 통치 아래의 소비에트 연맹은 하나의 섬과도 같았다. 자신이 세운 공산주의 왕국 주위에 이념이라는 성벽을 쌓은 스탈린이 그 바깥세상의 사람들을 모두 적으로 규정했기 때문이다. 성벽의 내부에도 적은 있었다. 산업화를 위해 나아가던 시기였기에 현장에서 사고가 빈번하게 발생한 것은 당연한 일이었다. 그러나 독재 정권은 그 원인을 파괴 분자의 소행으로 돌렸다. 그 왕국에서는 작황이 나쁜 것도 자연현상 때문이 아니라 누군가의 음모라고 여겼다. 일단 검거된 피의자는 공개적 인민재판에 넘겨져 자신의 죄와 음모의 실체를 자백했다. 판결은 대부분 사형이었다. 다행히 목숨을 건지는 경우에는 시베리아 극지로 귀양을 가야했다.

때맞춰 발생한 레닌그라드의 공산당 당수인 키로프Kirov의 암살 사건은 스탈린에게 마녀 사냥을 보다 적극적으로 전개시킬 명분을 제공해 주었다. 그때까지 검거된 숫자보다 훨씬 많은 파괴 분자들이 활동하고 있으며 곁에 있는 사람이 바로 적일 수 있다는 선동이 대대적으로 전개되었다. 아내가 남편을, 아들과 딸이 아버지와 어머니를 고발하는 비극이 연이어 전개되었다. 생각 없이 내뱉은 말 한 마디면 충분했다. 고문에 못 견딘 피의자들은 음모에 연루된 다른 사람들의 이름을 불어야 했다. 자연히 '마녀'들의 명단은 길어져만 갔다.

제2차 세계 대전이 끝날 무렵 구 소련은 영향력의 확산이라는 목표 아래 여러 가지 계획을 세웠다. 그 가운데 한 가지는 국경을 접한 지역에 위성국가를 세우는 것이었다. 이어 1949년 마오쩌둥이 이끄는 중국 공산당이 중국 본토에 붉은 깃발을 꽂았다. 미국의 극우파로 하여금 전 세계가 붉은 해일에 휩쓸리는 듯한 위협을 느끼게 만드는 사태가 연이어 발생한 것이었다.

당시 미국은 자유 진영의 최강국이었기에 스파이 활동의 중심지였다. 수시로 터져 나오는 간첩단 사건은 가뜩이나 예민해 있던 일부 극우파의 신경을 폭발하게 만들었다. 그들은 외국의 스파이나 이중간첩보다도 국내의 불온 세력을 더욱 위협적인 존재로 간주했다.

시작부터 그다지 튼실하지 못했던 미국의 공산당 조직은 당시 어느 노조도 장악하지 못할 만큼 그 세력이 미미했다. 그러나 1940년대의 미국에서는 공산주의가 사람들의 입에 오르내리는 가장 중요한 화제 가운데 하나였다.

이제 공산주의는 반미국적인 이념으로 규정되었고 공산주의자들을 찾아내고 동향을 감시하고 감독하는 일은 반미활동규제위원회가 전담하게 되었다. 반미활동규제위원회는 원래 나치의 미국 내 활동을 감시하고 규제하자는 취지로 설립된 단체였다. 그 단체의 감시망은 미국 대중문화의 중심지인 할리우드까지 뻗쳐 있었다. 재능 있는 배우, 감독, 작가 등 수많은 영화계 인사들이 무심코 만든 저예산 영화가 공산주의적 성향을 담고 있다는 이유로 심의에 걸려 희망에 차 있는 앞길을 포기해야 하는 불행한 사태가 연이어 발생했다.

위스콘신 주의 상원의원 조 매카시Joe McCarthy는 20세기 미국의 '마녀 찾는 장군'이었다. 17세기의 홉킨스가 화형대로 마녀를 위협했다면 매카시는 긴 명단으로 공산주의자들을 공포에 사로잡히게 만들었다. 그 명단이 과연 어떤 근거로 작성된 것인지 누구도 감히 의문을 제기하지 못했지만 그 작성 배경에는 매카시의 주관적 견해가 다분히 작용한 것이 사실이었다. 그 명단에는 정부 기관의 고위 각료의 이름도 여럿 포함되어 있었다. 국무성, 국방성, 그리고 군부 등 국가의 안보를 책임지는 기관의 주요 직위까지 공산주의 세력이 침투해 있다는 것이 매카시의 주장이었다. 또한 그런 조직의 존재와 활동을 알고 있으면서도 눈감아 온 감사 기구의 몇몇 요인도 역시 반역죄로 처단해야 한다고 주장했다.

일단 매카시의 명단에 공산주의자나 동조 분자로 이름이 오르고 나면 당사자로서는 속수무책이었다. 명예가 땅에 떨어지는 것은 물론 종종 사회적 지위까지도 박탈당해야만 했다. 양심의 가책 때문에 매카시의 무리한 노선에 동조하지 않은 정치인들은 다음 선거에서 그 대가를 톡톡히 치러야 했다. 공산주의자로 지명된 인사를 옹호하는 사람은 동조 분자로 몰릴 위험을 감수해야 했다. 억울한 나머지 법정으로 문제를 이끌고 가는 경우도 있었지만 법조인들 역시 제 한 몸 추스르기에 급급한 상황이었기에 바람대로 결과가 이루어지는 일은 드물었다.

한편 미국 내 모든 도서관에 소장되어 있던 공산주의 성향을 가진 작가들의 서적은 모두 수거되었고 그 가운데 일부는 공공장소에서 불태워지기도 했다. 중세의 마녀 화형이나 나치의 불온서적 소각을 방불케 하는 상황이었다. 급기야 매카시가 속해 있던 공화당 내부에서조차 그의 지나친 행각에 대한 우려의 목소리가 높아지기 시작했다. 아이젠하워Eisenhower 대통령은 책을 소각한 사건에 대해서 공개적으로 유감의 뜻을 표명했다. 그는 또한 '대중의 관심을 끌어 권력을 잡으려는 선동가들의 갈증'에 관해 비난 어린 성명을 발표했다.

매카시의 극단적인 행동으로 인해 국정은 혼란에 빠졌고 아예 마비되는 현상까지 종종 나타났다. 이제 매카시의 운명은 정해진 셈이었다. 결국 그는 극본, 감독, 주연까지 독차지했던 정치 무대와 5년 만에 작별해야 했다. 매카시의 육신 또한 지나친 음주로 인해 무척 쇠약해진 상태였다. 매카시즘은 그들의 주장대로 '소매를 걷어붙인 미국주의'였을 수도 있다. 그러나 1957년 세상을 떠난 매카시와 함께 매카시즘도 영원히 자취를 감추고 말았다. 그러나 공산주의자 색출이라는 명분으로 마녀 사냥을 재현했던 매카시즘의 열기가 가라앉은 뒤에도 많은 미국 사람들의 마음은 착잡하기만 했다. 미국의 지고한 건국이념인 자유가 심하게 훼손되었기 때문이었다. 물론 매카시즘의 열기가 한창 달아올라 있을 때에도 일부의 양심은 살아 있었다. 천재적 희곡 작가 아서 밀러Arthur Miller의 대표작인 《도가니》에는 그 양심이 선명히 드러나 있다. 작품의 시대와 장소는 1692년 세일럼에서 벌어진 마녀 재판이지만 그 내용은 1950년대의 시대 상황을 반영하고 있다. 그로 인해 밀러는 반미활동규제위원회에 소환되는 등 일련의 필화를 겪어야 했다. 반미활동규제위원회는 모욕죄라는 죄명으로 그에게 유죄를 판결했다.

매카시즘과 중세의 마녀 사냥은 여러 모로 흡사한 점이 있다. 특히 적대적인 존재에 대한 대중의 공포를 조성하고 그 공포를 분노로

이어지게 만든 과정이 정확히 일치한다. 다만 매카시즘의 경우 텔레비전이라는 문명의 이기 덕분에 많은 대중을 동시에 선동하기가 훨씬 쉬웠을 뿐이다.

매카시즘의 추종자들은 모두 자유의 적이었다. 그들 가운데에는 인종 차별주의자, 나치 옹호자, 동성애 혐오자 등 개인의 자유와 존재의 존엄성을 배제한 채, 세상과 인류를 주관적인 잣대로 저울질하는 부류가 다수 섞여 있었다. 따라서 그 목적이 반공산주의를 벗어나는 일은 비일비재했다.

매카시의 정치적 몰락으로 20세기 마녀 사냥은 종말을 지었지만 반미활동규제위원회는 1975년까지 명맥을 유지했다. 냉전 기간 내내 공산주의와의 투쟁은 미국의 대외 정책의 주요한 강령 가운데 하나였다. 매카시즘의 돌풍이 지나간 뒤, 국내의 분위기는 잠잠해졌지만 그 평온 속에서도 공산주의는 최소한 상징적인 적으로 인식되고 있었다. 1950년대 후반, 연방보존위원회의 의장인 윌리엄 맥체스니 마틴William McChesney Martin은 인플레이션이 공산주의만큼이나 미국의 안전과 미래에 위협적이라는 취지의 성명을 발표했다. 실제의 임금을 깎아 내리고 예금과 채권을 통한 이자 수익을 감소시키며 물가를 급등시키는 인플레이션의 위험을 경계한 성명이지만 공산주의를 상징적인 적으로 표현한 점에서 당시의 시대 분위기를 파악할 수 있게 한다.

결론

일확천금을 꿈꾼 바보들의 황금

지금까지 우리는 탐욕과 투기, 그리고 망상에 관해 살펴보았다. 앞에서 말한 대로 탐욕은 인간의 본질적 요소라고 할 수 있다. 인간은 살아남기 위해서 탐욕적일 필요가 있다. 얻고자 하는 갈망은 인간 본성의 한 요소며 특히 그 대상이 지식인 경우에는 바람직한 현상이라고 말할 수 있다.

지식 이외의 거의 모든 분야의 원동력 또한 탐욕이다. 우리는 그 사실을 잘 알고 있지만 드러내 놓고 주장하지는 않는다. 탐욕의 부정적인 이미지 때문이다. 탐욕은 지나침, 이기심, 그리고 불평등과 긴밀한 연관을 갖는 개념이다. 얻고자 하는 갈망이 사회적으로 용인될 수 있는 범위를 넘어설 때 우리는 그 갈망을 탐욕이라고 규정짓는다.

권력과 부에 대한 탐욕이 그 추종자들을 철저히 파괴하는 모습을 우리는 앞에서 살펴보았다. 탐욕의 시작과 끝을 자신 있게 말할 수 있는 사람은 없다. 인플레이션 비율을 능가하는 급료 인상을 요구하는 것이 탐욕의 시작일 수도 있다. 탐욕의 끝 역시 추적해 확인하기가 힘들다. 탐욕은 결국 탐욕에 물들었던 사람들을 모두 집어삼켜 버리기 때문이다. 그것은 만족을 모르는 상태며 또한 끝없는 욕구 불만에 시달리는 상태다. 그렇게 탐욕을 부리다 보면 마지막에는 탐욕을 제외한 어떤 것도 남아 있지 않는 상태에 이르게 된다. 탐욕은 늘 감춰져 있다가 기회가 될 때마다 표면으로 솟아 올라와서는, 그 이전 탐욕들에 의해 조성된 냄새 나는 세상에 또 한차례 악취를 더 한다. 역사의 어떤 순간을 들추건, 혹은 현재의 우리 주위를 둘러보건 우리는 손쉽게 그런 예를 만날 수 있다.

투기는 그 결과를 통해 깨닫는 인간의 행위다. 그것은 얻고자 하는 열의에 관한 명백한 의사 표시다. 역사 이래로 투기가 올바른 것으로 인식된 적은 없었다. 가장 기본적인 재산상의 투기 역시 최소한 겉으로는 경멸의 대상이 된다. 그것은 돈 자체에 대한 사랑과 집착일 뿐 건설적인 요소가 철저히 빠졌기 때문이다.

인간의 활동 영역이 확장됨에 따라 금전, 신용, 그리고 투자에 대한 욕구도 증대되었다. 역사 이래로 투기는 상당한 재력을 가진 소수 특권층의 전유물이지만, 20세기에 접어들면서 상황이 바뀌었다. 다양한 계층의 사람들도 투기를 시작한 것이다. 그러나 그 변화는 오래가지 못했다. 투기에 뛰어든 일반 사람들이 전혀 그릇된 환상을 품고 있었기 때문이다. 그들은 자신이 '부' 라는 종착역을 향해 달리는 특급 열차의 한 자리를 얻어 탔다고 생각했다. 그러나 그들이 타고 있던 것은 롤러 코스터였다. 투기는 아무나 할 수 있는 것이 아니다. 현재 무엇을 하고 있는지 뚜렷이 인식하고 있어야 하며 성공을 거두었을 때와 마찬가지로 실패에 대해서도 대비할 수 있어야 한다.

망상은 오랜 역사를 지닌 현상이다. 어둠과 무지가 의기양양하게 판을 치던 시절 망상의 위력은 엄청났다. 우리는 앞에서 알바니아의 피라미드 사업이나 마시아스의 과대망상을 예로 들며 망상의 해로움에 관해 살펴보았다. 물론 망상이 항상 해로운 것은 아니라는 반론도 있을 수 있다. 실제로 망상은 현대인의 생활과 문화 속에 깊숙이 침투해 있다. 그 가장 대표적인 예로 텔레비전을 꼽을 수 있다. 그러나 시청자들은 화면의 내용이 대부분 망상에 불과하다는 사실을 알고 있다. 아니, 망상까지는 아니라고 생각할지 몰라도 진실과는 거리가 있다는 것쯤은 알고 있다. 따라서 진위를 판가름하지 못할 만큼 완전히 몰입되지 않는 경우 망상은 그다지 해롭지 않을 수도 있다.

하지만 망상은 탐욕이나 투기보다 위험하다. 망상은 피해자의 이성을 마비시켜 반사회적인 행동을 하게 만들기 때문이다. 망상이 탐욕, 특히 권력에 대한 탐욕과 어우러지면, 재난에 상당하는 결과를 빚어낼 수도 있다.

탐욕과 투기와 망상은 독자적으로 영향력을 행사할 수 있다. 그러나 그들이 힘을 합치면 위력은 눈덩이처럼 불어난다. 앞에서 살펴보았듯이 탐욕은 사회적으로 용인되는 수준을 넘어서는 갈망이다. 투기는 그런 종류의 갈망을 충족시킬 수 있는 한 가지 방법이다. 땀을 흘리지 않고 신속하게 수익을 거둘 수 있다는 점에서 아주 매력적이기까지 하다. 처음 시작할 때 자금이 많으면 많을수록 좋겠지만 사실 액수가 중요한 것은 아니다. 중요한 것은 그 돈을 가지고 무엇을 하느냐이다. 어쨌든 돈이란 사람을 잡아끄는 성질을 지니고 있다. 가지면 가질수록 더욱 많이 갖고 싶어지는 것이 돈이다. 투기를 통해 성공을 거두기 위해서는 성공 자체에 탐욕을 부려야 한다. 또한 빠져나와야 할 때를 알아야 한다. 탐욕이 지나치면 발을 빼지 못한다. 성공할 수 있는 투기 전략은 비교적 간단하다. 모든 정보와 자료를 충분히 검토하고 작업에 들어가서 잽싸게 수익을 챙긴 뒤 아직 파란 불이 켜져 있을 때 빠져나오는 것이다.

지나친 탐욕과 투기는 당사자와 사회에 해를 끼친다. 그러나 어느 정도가 지나친 것인지 가늠할 기준이 없다. 또한 지나치게 탐욕스럽거나 지나치게 투기에 몰입하는 사람을 견제할 수 있는 제도적 장치도 없다. 자유 민주주의 사회에서 강제적 규제는 대안이 되기 어려우므로 당사자들을 간곡히 타이르는 미온적 방법이 최선일 것이다.

탐욕스러운 사람들은 모두 철저한 낙관론자라는 주장이 있다. 탐욕에 빠진 사람들은 계속해서 욕심을 채울 궁리만 하고 있으니 어찌 보면 삶의 밝은 부분만을 본다는 지적이 옳을 수도 있다. 반면 탐욕스러운 사람들은 삶의 어두운 부분만 바라보며 살아간다는 주장도 성립할 수 있다. 죽음이나 파산 등 가장 두려운 사건이 일어나고서야 비로소 평생 자신을 붙들고 놓아 주지 않던 탐욕에서 벗어날 수 있다는 결말을 알고 있기 때문이다.

한편 투기업자들은 낙관론자다. 그들은 늘 싸게 사서 비싸게 팔

수 있다는 기대감에 젖어 있다. 투기는 제로섬 게임이다. 투기꾼 한 명의 엄청난 성공은 다른 누군가의 철저한 몰락을 의미한다. 그러나 투기업계에서 감상이란 한낱 사치일 뿐이다.

금전과 연관된 망상에 빠져드는 사람들은 낙관론자다. 반면 정치적 망상이나 마녀 사냥의 경우처럼 주술적 망상에 빠져드는 사람들은 비관론자다. 그들은 주변의 모든 것에 겁을 집어먹은 놀란 영혼들이다.

이제 탐욕과 투기 그리고 망상을 섞은 뒤, 얼음 대신 낙관론을 첨가하고 잘 흔들어 보자. '거품 칵테일'이 만들어질 것이다. 그것은 경제와 함께 하며 그 원동력이 되었던 강한 칵테일이다.

그 칵테일에 다른 필수적인 첨가물로 부정직함을 넣어야 한다는 주장이 있을 수 있다. 과거의 경제거품이 대부분 비양심적인 사기꾼들에 의해 부풀어졌다는 사실을 고려할 때 상당히 타당한 주장이다. 그러나 사기와 부정직함이 언제나 필수적인 첨가물이 되는 것은 아니다. 닷컴 기업의 부흥을 이끈 원동력이 부정직함이라고 주장할 수 있는 사람은 없다.

"정직한 사람은 사기의 덫에 걸리지 않는다."

필드WC Fields의 명언이다. 사기를 당하는 사람들은 사기꾼의 솔깃한 제안이 부정직하며 정도에서 벗어나 있다는 사실을 알고 있기 마련이다. 그러면서도 곡예를 하고 싶어한다. 자신이 사기꾼보다 더 영리하기에 시작이야 어쨌든 결국 자신이 승리할 것을 믿어서일 수도 있다. 불행하게도 대부분의 경우 결과는 정반대로 드러나게 된다. 반면 진정으로 정직한 사람은 자신이 사기꾼을 이길 수 없다는 사실을 알고 있으며 따라서 정도에서 벗어난 제안을 외면하고 정직한 분야에 땀을 쏟는다. 그런 정직한 사람은 주식 시장에 투자하지 않을 가능성이 높다. 아니, 하지 못할 수도 있다. 이른바 여분의 자금이 없기 때문이다. 하지만 세상에는 정직하지 못한 사람들이 너무나 많고 그들 가운데 대부분이 사기를 치기보다는 사기를 당한다.

한편 이제 다시 칵테일바로 돌아가 보자. 탐욕, 투기, 그리고 망상이라는 세 가지 요소에 낙관론이 첨가되는 과정도 눈여겨볼 필요가 있다. 특정한 추세가 다른 모든 경향을 능가하는 시대가 있기 마련이다. 따라서 모든 것이 가능하다고 생각하는 낙관론이 우세한 시기도 있다. 낙관론은 개인주의, 혹은 이기주의에 의해 더욱 고조된다. 그 시기는 무궁무진한 잠재력을 지니고 있지만 그로 인한 수익을 다른 사람에게 고스란히 양보할 이타적인 사람은 찾아볼 수 없다. 이른바 셀프서비스 시대인 것이다.

이런 시기에는 사회 전체의 도덕적 분위기에도 변화가 일어난다. 자신 이외의 다른 사람에게 도덕적 의무와 책임을 져야 한다는 것은 받아들일 수 없는 구속이 된다. 중요한 것은 오직 하나, 개인적인 성공뿐이다. 그렇지만 그런 이기주의가 무조건 나쁜 것은 아니다. 한 사람의 성공이 주위 사람을 자극해 도미노 현상을 일으킬 수 있기 때문이다. 밀물이 되면 모든 배가 똑같이 떠오른다는 아담 스미스 Adam Smith의 '트릭클 다운' 이론에 들어맞는 분위기가 조성되는 것이다. 어떤 대가를 치르더라도 개인적인 성공을 거두겠다는 욕구는 수많은 망상을 만들어 낸다. 그러나 벤처라는 보물섬에 초대받은 사람들은 많아도 정작 보물 지도를 건네받는 사람은 극소수에 불과하다. 따라서 성공하지 못한 사람들은 엄청난 부를 나누어 줄 것을 약속하는 투기에 기꺼이 돈을 투자한다. 성공적인 투자는 성공으로 가는 지름길이기 때문이다.

그것은 마치 동화 속의 이야기가 실현된 것과도 같다. 그러나 우리가 지금까지 살펴보았듯이 투기에 내재되어 있는 망상적인 요소를 활성화시키는 것은 바로 동화 속의 이야기에 대한 믿음인 것이다.

미래는 어떻게 될 것인가? 우리는 앞으로도 계속해서 탐욕과 투기, 그리고 망상의 변덕에 굴복해야 할 것인가? 거품은 계속해서 발생할 것인가? 투자자들은 계속해서 손해를 보게 될 것인가? 이 책을 구성한 우리 두 사람의 저자는 이른바 진실을 알고 있는 낙관론자다. 탐욕과 망상은 인간의 가슴속 깊숙이 뿌리내리고 있다. 다시 말해 이들은 인간의 본질적 요소인 것이다. 그러나 이 책을 통해서나마 이 사실을 알게 하는 노력이 지속된다면 사람들은 그런 심리적 충동에 대처하는 방법을 깨닫게 될 것이다. 이 정도의 노력으로 탐욕과 투기, 그리고 망상의 묘비명을 쓴다는 것은 감히 바랄 수도 없겠지만 이 책을 읽은 사람들이 그들의 힘과 영향력, 그리고 그 부작용에 관해 경각심을 갖게 되기를 바란다.

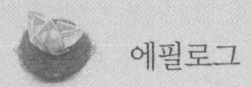 에필로그

　이 책을 통해 탐욕과 투기, 그리고 망상이라는 삼 형제가 빈부의 차이에 관계없이 모든 사람의 삶에 영향을 미친다는 사실을 조금이라도 깨달았기를 바란다. 이 책에서는 경제와 정치 두 분야만을 다루었지만 그 삼 형제의 영향력은 그밖에 많은 분야에까지 미치고 있다.
　탐욕은 엄청나게 늙어 버린 나이에도 불구하고 아직도 은퇴할 조짐을 보이지 않는다. 그는 원래 갈망, 소망 등 점잖은 형제들과 함께 양갓집에서 태어났지만 오래 전에 잘못된 길로 들어섰다. 탐욕은 세상 사람들에게 비난의 대상이 되고 있지만 만일 변명의 기회가 주어진다면 탐욕은 자신이 없었으면 인류가 오늘날처럼 번창하지 못했을 것이라고 호소할지도 모른다.
　탐욕에 관해 정의를 내리기란 쉬운 일이 아니다. 거리를 두고 보면 윤곽이 잡히지만 가까이에서 관찰하려고 하면 야망, 갈망, 소망, 바람 등등 사람들의 호감을 사고 있는 그의 형제들과의 경계가 모호해진다. 더구나 탐욕은 변장에 뛰어나기에 주위 사람들을 현혹시킨다. 탐욕은 자신을 좇는 사람들에게 많은 것을 약속하지만 거지 근성이 배인 먼 친척처럼 관심을 기울이면 기울일수록 더 많은 것을 요구한다. 사실 문을 열어 주고 나면 내쫓기가 거의 불가능한 것이 탐욕이다. 초대받은 손님으로서 인기를 얻을 수 있느냐는 파티를 주최한 주인의 성격에 좌우된다. 어떤 사람들은 탐욕이 곁에 있는 것을 기분 좋아하고 어떤 사람들은 그의 존재를 두려워한다. 탐욕의 접근을 경계하는 사람들은 그가 약속하는 모든 보상이 헛되다는 것을 알고 있다.

투기 역시 오랜 역사를 갖고 있다. 탐욕처럼 가문의 탕자는 아니지만 자랑할 만한 후예는 아니다. 투기는 모든 일을 재빨리 해치운다. 그 때문일까? 특히 젊은 사람들은 그를 좋아한다.

망상은 삼 형제 가운데 가장 문제아다. 사실 그는 사람들과 오래된 벗이다. 모든 기성세대들이 어린 시절 한때는 그와 함께 즐거운 시간을 보냈다. 망상은 거의 항상 혼잣말을 하며 지낸다. 그 내용은 아주 오래 전 우리가 세상살이의 어려움에 물들지 않았던 시절의 이야기다. 탐욕과 마찬가지로 그 또한 변장에 뛰어나며 짓궂은 장난을 즐긴다. 하지만 망상의 술수가 너무나 교묘한 나머지 피해자가 우롱당했다는 사실을 깨닫는 것은 언제나 때늦은 다음이다. 그런 못된 버릇에도 불구하고 그에게는 친구로 사귈 수 있는 대상이 무궁무진하다.

    이제 우리는 그 삼 형제와 결별을 고해야만 한다. 이 책을 덮고 난 뒤 여러분은 아마도 다시 그들을 만나게 될 것이다. 하지만 그 만남의 기회를 여러분이 자청할 것인가? 이 책의 목적은 그들에 대한 경각심을 높이는 것이다. 이 책이 그들의 접근을 막아 주는 하나의 안전장치로 쓰이기를 바라면서 마지막 장을 덮는다.

- 왜 우리는 만족을 모르는가?
- 왜 우리는 보다 많은 것을 얻기 위해 위험을 무릅쓰는 것인가?
- 왜 우리는 허구의 늪에서 허우적거리는가?